古代歷史文化 研究輯刊

五 編

王 明 蓀 主編

第 5 冊

漢靈帝時期的政局

陳 鏘 懋 著

國家圖書館出版品預行編目資料

漢靈帝時期的政局／陳鐇懋 著 — 初版 — 新北市：花木蘭文
化出版社，2011〔民 100〕
目 2+162 面；19×26 公分
（古代歷史文化研究輯刊 五編：第 5 冊）
ISBN：978-986-254-419-8（精裝）
1. 漢靈帝　2. 東漢史
618　　　　　　　　　　　　　　　　　　100000575

ISBN-978-986-254-419-8

9 789862 544198

古代歷史文化研究輯刊
五 編 第 五 冊　　　　　　ISBN：978-986-254-419-8

漢靈帝時期的政局

作　　者　陳鐇懋
主　　編　王明蓀
總 編 輯　杜潔祥
印　　刷　普羅文化出版廣告事業
出　　版　花木蘭文化出版社
發 行 所　花木蘭文化出版社
發 行 人　高小娟
聯絡地址　新北市永和區中正路五九五號七樓之三
　　　　　電話：02-2923-1455／傳眞：02-2923-1452
電子信箱　sut81518@gmail.com
初　　版　2011 年 3 月
定　　價　五編 32 冊（精裝）新台幣 56,000 元

漢靈帝時期的政局

陳鏘懋　著

作者簡介

陳鏘懋，1970 年出生於嘉義市，1994 年從國立台中中興大學歷史系畢業，於澎湖服役兩年後開始從事教職，2007 年取得國立嘉義大學人文藝術學院史地學系碩士學位。目前服務於嘉義市立北興國民中學，擔任歷史科專任教師兼任導師職務，曾任嘉義市北興國中教師會理事、社會科召集人，平時熱愛旅遊或以學術交流方式參訪名勝古蹟，藉此縱情山水之間，自許以「快樂說書人」為志業。

提　　要

　　本文研究目的，主要是探討漢靈帝時期的政局演變，如何使東漢王朝迅速地走向分裂與衰亡，又隨著靈帝朝的結束，中國歷史隨即從大一統的秦漢帝國，進入了多元而分裂的魏晉南北朝時代，開啟了中古史的新頁，如此關鍵的發展階段，已具備了歷史研究上的特殊性與重要性，靈帝朝之覆亡，絕非單一因素能夠決定，而是朝廷內、外各個層面彼此之間的交互影響所致。

　　靈帝朝實際上已背負著東漢建朝以來所累積的許多政治包袱，例如內部的戚宦相爭、黨錮之禍以及外部的邊境消極政策以及豪族勢盛……等，但若只以 " 積弊難返 " 為由來看待靈帝朝導致東漢的滅亡，也未臻完善。本文將靈帝朝步向分裂與衰亡的複雜成因與影響層面，採核心（靈帝的出身）、縱向（朝廷內部）與橫向（朝廷外部）三個部分進行析論，本文共分為六章：

　　第一章「緒論」：提出以「漢靈帝」為研究議題之緣起與析論之方向，將有關靈帝本身的史料，佐以東漢衰亡之相關前人研究成果，加以回顧與探討，以闡明「漢靈帝時期的政局」在東漢衰亡的歷程當中，所扮演之特殊與關鍵的歷史意義。

　　第二章「士風的沉淪」：以兩次黨錮之禍為時空背景，切入本文的核心部分，介紹靈帝的家世出身，以及靈帝即位之初隨即面臨宮廷內部各方勢力之間的鬥爭，並探討黨禍後靈帝的因應態度、內政上所作的改革以及賣官鬻爵的貽害。

　　第三章「軍事國防的緊張」：東漢建朝以來對邊疆採消極退讓政策，因此邊族入寇襲擾不斷，已成為靈帝朝廷外部的巨大壓力，除了造成邊地緊張、人民飽受征調之苦以外，所投入鉅額的軍旅費用，已達耗竭國庫，動搖國本的地步。

　　第四章「社會經濟的衰敗與失序」：東漢是豪族地主支持下所建立的王朝，朝廷的官僚、外戚，以及地方的州郡長吏、富賈地主等，都是豪族出身，豪強競相兼併土地，使得農民生活困頓、流離失所，終於引爆了反政府的「黃巾民變」。

　　第五章「戚宦相爭的延續與擴大」：主要探討黃巾民變後，靈帝之皇權如何對其下官僚士大夫、宦官、外戚之三大政治勢力集團，作出有效的統馭與制衡，最後因地方行政制度的變革，與中央戚宦再度惡鬥，使地方與中央呈現分裂之局。

　　第六章「結論」：綜論各章節之要點，舉出研究成果、心得以及檢討本文研究之侷限與未及之處，最後期許未來研究之遠景。

目

次

第一章　緒　論

第一節　研究緣起與取向

　　歷史的發展過程中，本是連續不斷的進行著，是不可分期的，但為求研究上的方便，史學家通常會以偏重政治層面，也就是各個朝代的更迭進行切割，透過分期來明瞭歷史的變化與真相，另外，就是仿自西洋史的分期法，以中古、上古、近代之階段〔註1〕發展來進行論述，「東漢王朝」則兼具了這兩種分法之關鍵地位。隨著東漢的衰亡，政治演變邁向了分裂的三國時代，不僅宣告著上古時期的結束，中國歷史更是由大一統的秦漢帝國進入了分裂且多元的魏晉南北朝時代，開啓了中古時期的新頁。

　　東漢政權的建立，始於光武帝建武元年（25年），劉秀在王莽政權滅亡後的幾個武裝集團中異軍突起，以光復漢室為號召，在豪族地主的支持下，平定了地方割據勢力，中國再度由分裂步向了統一，直到獻帝延康元年（220年），曹丕篡漢建魏稱帝後，東漢終告結束。王朝先後歷經了光武帝、明帝、章帝、和帝、殤帝、安帝、順帝、沖帝、質帝、桓帝、靈帝、少帝以及獻帝（見附錄一），國祚共計195年，而中國也再度由統一陷入了分裂的局面。無論我們以朝代更迭或者是以階段發展來看待歷史的演進，東漢王朝所代表的是一種關鍵與過渡的重要階段，透過研究東漢由興盛到衰亡的發展歷程，便可窺探大時代轉折的脈絡。

〔註1〕雷海宗，〈斷代問題與中國歷史的分期〉，收於《中國通史論文選》，台北：華世出版社，1979，頁65。

　　東漢王朝的衰亡，其內部最明顯的危機便是幼主即位，戚宦惡鬥、循環相爭的政治亂象，在朝政日益敗壞、宦官亂政的情況下，官僚士大夫與太學生等知識份子發起反宦官貪污腐敗的運動；朝廷外部也因外族寇擾邊地，使政府財竭兵疲，人民飽受徵調之苦，加上地方豪強地主交相欺凌百姓，於是民思為亂，終於爆發了全國性的黃巾民變……，由此觀之，東漢衰亡之原因絕非單一因素能夠決定，而是廣泛地涵蓋了政治、軍事、社會、經濟、文化等各個層面彼此之間的交互影響所致。

　　學術界對於東漢作專門論述的專書並不多，大部分是以秦、漢兩朝為共同研究階段的《秦漢史》型態呈現居多，就秦漢史的發展歷程裡，便可看出歷史分合興衰的態勢。國學大師錢穆先生曾在《史學導言》中提到：「綜觀我國自古以來的歷史，政治的分、合、治、亂、盛、衰，朝代的興、廢、存、亡，主要關鍵在人。」〔註 2〕朝代的分合興衰確實是勢在人為，特別"興"與"衰"的關鍵統治者所處的時空背景與主客觀條件，特別是靈帝本人的出身背景，以及在他的周圍影響其舉措行事的朝廷成員，例如外戚、宦官以及官僚士大夫等，另外就是朝廷外部有關邊患引發的國防軍事問題，豪強地主所引發的社會經濟問題……等，這些不同層面的歷史現象，都值得我們進行原因之歸納與探究。

　　學術界對於漢靈帝的專門研究，可以說是相當的缺乏，因此本文將研究焦點放在「漢靈帝」一朝之多面向原因之分析，試圖說明及強調東漢王朝分裂與衰亡，最確切的起始與爆發點，都發生在漢靈帝在位期間。

　　綜合以上所述，本文欲探討的主題有以下幾點：

　　第一、靈帝出身之時空背景，是否影響其主政風格與績效？以及與靈帝最親近的生母董氏和宦官們的行事作風，對於朝政的衰敗是否具有直接或間接之關係？

　　第二、靈帝朝之士風為何明顯沉淪？士人對政局亂象能否採取有效監督與革新之功用與行動？官僚士大夫為何開始對國家產生嚴重的離心？

　　第三、東漢建朝以來，內部的政治紛擾（戚宦相爭）與外部的國防軍事（邊患）、社會經濟（豪強侵奪）等問題已積弊許久，為何會在靈帝朝總體爆發成反政府之民變運動？

　　第四、靈帝對於政治危機的應變、處理能力，以及事後因應措施所產生的後續影響，如何造成東漢衰亡與分裂之局面。

〔註 2〕錢穆，《史學導言》，台北：中央日報社，1975，頁 31。

第二節　前人研究成果

一、通論方面

如前所述，有關靈帝朝的專門論著，為數不多，大部分是以秦、漢兩朝為共同研究階段的《秦漢史》型態呈現為主，從研究秦漢史的發展歷程中，除了針對東漢後期，特別是靈帝朝至東漢結束這段期間的研究成果加以蒐集、耙梳之外，對於靈帝朝導致東漢的衰亡與分裂，更能藉此得到較具全面性的背景史料，對本文之研究頗為必要。

專書方面，重要的著作有勞榦的《秦漢史》〔註3〕，內容偏重政治方面，也論及制度、學術思想與物質生活方面。鄒紀萬的《秦漢史》〔註4〕，仍偏重政治史的發展，但書中搜集歷史圖片與相關地圖，與文字部分交錯排列，有助於對史實之深刻瞭解。姚秀彥的《秦漢史》〔註5〕，以秦漢的政治事件為主，最後一編則論及官制、武功、邊患、兵制、刑法、賦役、社會、經濟與學術等，雖然篇幅比重較小，但仍有助於全面性之瞭解。其中較為重要的專論著作有翦伯贊的《秦漢史》〔註6〕，其內容涵蓋經濟、政治、文化、民族等各個方面，撰述資料豐富，並充分利用考古資料與報告，使文獻和考古資料得以互相參證。林劍鳴的《秦漢史》〔註7〕，除了基本政治演進之外，並且專章討論漢族與其他民族之關係、社會生活與經濟發展、科學技術以及思想文化……等，又能將較新之考古史料彙編於其中，算是當今較新且全面的專論著作。

除了秦漢兩朝的專史外，由英國學者崔瑞德著，韓復智主譯的《劍橋中國史・秦漢篇》〔註8〕也是頗具參考價質的通論專書，是一部完全由西方學者撰寫的中國歷史，在許多歷史問題上對中國學者的傳統學說提出了新的觀點和質疑，能讓我們參酌不同的價值判斷，特別是對靈帝朝的外戚、宦官、官僚士大夫集團以及整個漢代的衰亡，多有著墨與見解。

〔註3〕勞榦，《秦漢史》，台北：中國文化學院，1980。
〔註4〕鄒紀萬，《秦漢史》，台北：長橋出版社，1979。
〔註5〕姚秀彥，《秦漢史》，台北：里仁書局，1981。
〔註6〕翦伯贊，《秦漢史》，北京：北京大學出版社，1992。原為《中國史綱》第二卷《秦漢史》。
〔註7〕林劍鳴，《秦漢史》，台北：五南出版公司，1992。
〔註8〕〔英〕崔瑞德著，韓復智主譯，《劍橋中國史・秦漢篇》，台北：南天出版社，1996。

錢穆的《國史大綱》〔註9〕以綱目體論述史實，其議論與見識多富民族情感，對於東漢末的黨錮之禍以及學術思想的轉變，有其深刻獨到的看法。

另外，專以東漢一朝爲主的論著有楊東晨的《東漢興亡史》〔註10〕，該書各章以東漢諸帝爲標題，作出整體介紹與評價，對於中央和地方廉吏多有評論；有關宦官、內寵採取具體人或事的分析；太后臨朝與外戚權臣亦有深入探討；對諸郡、縣及少數民族的"叛亂"性質，其正當性與否亦有所評斷，特別是漢靈帝的部分也作專章完整的介紹，對於筆者在論述上有極大的參考價值。

專門以漢靈帝爲題的論著有徐難于的《漢靈帝與漢末社會》〔註11〕，該書有別於一般偏重政治事件的論述，能夠專以靈帝爲中心，對於漢末社會的政治、經濟、文化、民族關係等現象進行綜合考察、分析，特別是以靈帝所處的政治、社會環境對於靈帝行事的影響，注重挖掘人物本身的心理層面之活動，設身處地去思考與探索靈帝的想法，再以有系統的史料來佐證之。這樣的論述方式，不失爲是一種新的研究方法，兼具"實驗"與"創新"的精神，對於筆者在本文的論述上也多有啓發與助益。

如同本文所強調的，靈帝朝爲東漢衰亡分裂之關鍵，且爲下啓三國魏晉之過渡，因此《三國史》論述有關三國形成背景之部分，對本文的寫作亦極具參考價值，特別是馬植杰的《三國史》〔註12〕，可以說是研究三國史最重要的代表之作，該書第一章便以"東漢王朝的衰落"爲題，概括性地討論東漢後期的宦官擅權、士人階層與宦官的鬥爭，以及黃巾起義與東漢王朝的崩潰。本章開頭便闡明東漢王朝的壽命，實至靈帝於中平六年（189年）死亡，董卓率軍進入洛陽爲止，本文主旨已呼應了這樣的論點與看法。

二、重要主題方面

就本文各章的重要主題，參酌重要專書以及相關之專篇期刊論文，以下擇其重要主題介紹：

（一）關於黨錮之禍

靈帝朝士風沉淪，對士人造成最大的衝擊與挫折，是爲靈帝即位前後的

〔註9〕 錢穆，《國史大綱》，台北：臺灣商務印書館，1994。
〔註10〕 楊東晨，《東漢興亡史》，西安：陝西人民教育出版社，1998。
〔註11〕 徐難于，《漢靈帝與漢末社會》，濟南：齊魯書社，2002。
〔註12〕 馬植杰，《三國史》，北京：人民出版社，1993。

兩次黨錮之禍，這方面相關議題的研究相當的多，顯見該議題的歷史地位以及受學者看重的程度。金發根在〈東漢黨錮人物的分析〉﹝註13﹞一文中，將東漢黨人的構成、地域分佈、出身、風尚、抱負、政治主張、仕宦、隱居等作出系統之歸納與探討，特別是黨人之間門生、故吏的特殊情誼，已超越了對國家及君主的忠忱，如此風氣與錢穆先生所強調東漢士人的道德偏狹，只注重個人家庭和朋友，而忽略了社會和國家，﹝註14﹞其看法是相吻合的。

劉元虹在〈東漢士人的救國運動〉﹝註15﹞一文中，就東漢士人的新地位、士人對外戚與宦官的反對、士人對邊防的建議、士人對人主之諫諍、士人的節操與影響提出多面向的討論。羅彤華的〈東漢黨人之士氣與義行——兼論黨錮之禍的起因〉﹝註16﹞就當時士人特重修持高節、動則思義的角度，來論述當代士風以及黨錮之禍的起因。劉明東在〈東漢士人之出仕觀念分析〉﹝註17﹞一文裡，深刻探討士人面臨東漢後期君主的無道，在理想與現實的衝擊下，仕或不仕已成為難以抉擇的考量，然而在無法改變現實環境的情況下，士人的隱逸風氣儼然形成。

辛旗〈王符的社會批判思想與東漢末年清議思潮〉﹝註18﹞一文，對於士大夫與太學生的「清議」有其深入之討論，認為最初為太學生與士族知識分子品評擇官的社會輿論與道德評價由指向人格才幹轉向朝政，終招致宦官集團的鎮壓，成兩次"黨錮之禍"。士人懾於殘酷的殺戮，清議開始變成地方士族知識分子相互激勵的一種道德行為，並與民間鄉飲酒禮相結合。

日本學者渡邊義浩《後漢国家の支配と儒教》﹝註19﹞的著作，在第二篇〈儒教国家の展開〉的第七章"党錮"裡強調：黨人對於政治環境的不滿，最關鍵的因素就在於宦官對於察舉的壟斷，使得在政治界裡正常的階層流動方式變得非常的困難，於是黨人不得不採取向擁有皇權為靠山的宦官集團進行公然的挑戰，然而這卻是種極度危險的行為，黨人也因此付出了慘痛的代價。

﹝註13﹞ 金發根，〈東漢黨錮人物的分析〉，《史語所集刊》34 本，1963。
﹝註14﹞ 錢穆，《國史大綱》上，頁 143。
﹝註15﹞ 劉元虹，〈東漢士人的救國運動〉，《嘉義師專學報》，1974：5。
﹝註16﹞ 羅彤華，〈東漢黨人之士氣與義行——兼論黨錮之禍的起因〉，《中華文化復興月刊》，1988：11。
﹝註17﹞ 劉明東，〈東漢士人之出仕觀念分析〉，《輔大中研所學刊》，1996：6。
﹝註18﹞ 辛旗，〈王符的社會批判思想與東漢末年清議思潮〉，《甘肅社會科學》，1994：3。
﹝註19﹞ 渡邊義浩，《後漢国家の支配と儒教》，東京：雄山閣出版株式会社，1994。

以上的見解與看法，對於筆者釐清黨錮之禍的緣由、影響，以及對靈帝朝士風沉淪與對國家離心形成之論點，得到有力的佐證與說明。

（二）關於邊防與羌族

靈帝朝時常處於邊患威脅不斷的危機當中，北方是繼匈奴之後興起的鮮卑、烏桓，西北主要是羌族，西南則有南蠻與西南夷，中央政府為防禦邊患，投入的軍旅費用相當可觀，內耗嚴重且已動搖國本。討論漢族與北方游牧民族之間互動關係的通論性研究較豐富，陶晉生〈邊疆民族在中國歷史上的重要性〉〔註 20〕一文，分析邊疆民族入主中原的頻繁及原因，邊疆民族和漢民族相處的幾個模式，以及邊疆民族對於中國文明發展的影響…等議題，特別兼採西方學者與日本學者的看法，避免純以漢族的角度來看待邊疆民族，而能夠以多面向的角度來探討。

蕭啟慶在〈北亞游牧民族南侵的各種原因的檢討〉〔註 21〕一文中認為：主張「掠奪」為游牧民族的重要生產方式的多為日本學者，如青木富太郎、護雅夫、江上波夫等人。這兩篇重要的專論，使筆者對於游牧民族的生活型態以及他們"掠奪"農業民族的多方面動機與意義，有更深一層的瞭解。金發根在〈東漢至西晉初期中國境內游牧民族的活動〉〔註 22〕一文探討兩漢征伐游牧民族的邊疆政策與東漢中葉後的邊患，直至漢末三國時期與游牧民族、晉初游牧民族之內遷與分佈，所述及的民族涵蓋靈帝時期的鮮卑、烏桓、西羌等族，對各族具有全面與整體性的瞭解。

有關靈帝時期各邊族之研究，田繼周的《秦漢民族史》〔註 23〕對於秦漢時期中國境內邊族有全面詳實的介紹，如東北諸族的鮮卑、烏桓；氐羌族系；

〔註 20〕 陶晉生，〈邊疆民族在中國歷史上的重要性〉，收錄於《中國通史論集》，台北：華世出版社，1987。

〔註 21〕 蕭啟慶，〈北亞游牧民族南侵的各種原因的檢討〉，收錄於《中國通史論文選》，台北：華世出版社，1979。日本學者對於游牧民族「掠奪」所持的理由是：「由於草原社會的生產力不穩定，工藝技術落後，難於累積財富，所以聚眾掠奪是游牧民族社會的一種自然的無償輸入行為；藉以解脫困厄，或增益生活內涵。」

〔註 22〕 金發根，〈東漢至西晉初期中國境內游牧民族的活動〉，《食貨月刊》復刊第 13 卷，1984。

〔註 23〕 田繼周，《秦漢民族史》，成都：四川民族出版社，1996。本書屬於《中國歷代民族史叢書》八部史書中的第二部，被列為中國社會科學院重點科學研究項目。

巴郡、南郡、武陵諸郡蠻和西南夷……等，該書除了對靈帝朝時期的重要邊族所處的地理環境、發展歷程等方面，配合史料予以陳述之外，也能深入探究邊族叛亂起事的主要原因與動機，頗能以對等之態度來看待史實。

東漢邊防政策的研究也受到關切與重視，黃今言〈說東漢在軍制問題上的歷史教訓〉〔註 24〕一文，檢討了東漢在軍制改革上產生的利弊得失，特別是光武帝爲求中央集權所作的諸多改革，已造成兵員罷省失度，戰略後備力量薄弱；軍隊缺乏訓練，素質差，戰鬥力不強；官無警備，沒有鞏固的邊防，釀成長期的邊患等，對於光武帝以“柔道”治國的方針，在邊防上顯得退縮保守。韓復智〈東漢由統一走向分裂的本源〉〔註 25〕一文，亦對光武帝變革地方軍制有所評議，認爲是光武帝個人私心所致，是以強幹弱枝、預防反側，以鞏固政權爲目的。陳曉鳴〈籌邊失當與東漢衰亡〉〔註 26〕一文，以東漢壓縮武裝力量和調整兵役制度，削弱了邊防軍事實力和戰略後備力量；又“以夷制夷”羈縻失當，激化了民族矛盾，釀成長期邊患；以及放棄邊郡經濟的開發，使得籌邊經費過重，增加了國家財政中的軍費負擔……等，這些因素已可視爲是東漢衰亡的主要原因。

靈帝朝籌邊耗費最大的是防禦羌患，研究羌族問題有管東貴〈漢代的羌族〉（上）、（下）〔註27〕，討論的項目有：羌族與漢代邊疆問題、羌族之種別名稱、活動區域與文化概況，以及羌與鄰族的關係等。隨文將史記、漢書、後漢書等所記載到的羌族種別名稱列表呈現，在查詢與研究上相當方便。管東貴另外在〈漢代處理羌族問題的辦法的檢討〉〔註 28〕一文，著重在漢朝對付漢羌衝突所採用的辦法：方法有屯田與行恩德以「防」；棄邊以「讓」；以及揮軍以「伐」，作者認爲以「防」爲最好的辦法。關鎬曾〈兩漢的羌患〉〔註

〔註24〕 黃今言，〈說東漢在軍制問題上的歷史教訓〉，《南都學壇》（哲學社會科學版），1996：2。

〔註25〕 韓復智，〈東漢由統一走向分裂的本源〉，收於《中國歷史上的分與合論述研討會論文集》，台北：聯經出版社，1995。

〔註26〕 陳曉鳴，〈籌邊失當與東漢衰亡〉，《江西師範大學學報》（哲學社會科學版），2002：11。

〔註27〕 管東貴，〈漢代的羌族〉（上）（下），《食貨月刊》，復刊第一卷，第一期，1971：4。

〔註28〕 管東貴，〈漢代處理羌族問題的辦法的檢討〉，《食貨月刊》，復刊第二卷，第三期，1972。

〔註29〕 關鎬曾，〈兩漢的羌患〉，《政治大學學報》，1966：12。

29）一文裡也分析東漢對羌用兵措敗的原因，特別指出東漢政府對羌的政策混亂，勦撫不一、屯田或遷徙也缺乏定論，因此東漢對於羌患總是用兵失敗且窮於應付。

因此我們看到了漢靈朝不但有鮮卑持續寇亂，又有漢人與烏桓大人的結盟，以及漢人與羌胡的聯合叛亂……等，顯示出政治腐敗的情況下，邊防策略也隨著搖擺混亂起來，朝野動蕩不安可想而知。

（三）關於豪族、社會經濟與黃巾民變

東漢是豪族地主支持下所建立的王朝，朝廷的官僚、外戚，以及地方的州郡長吏、富賈地主等，都是豪族出身，他們競相兼併土地，進而引發諸多社會經濟問題。楊聯陞〈東漢的豪族〉﹝註30﹞一文，對於豪族的源流發展、豪族在政經地位上的影響，以及豪族之間因政治利益衝突所產生的內鬥……等，作出全面性的探究，特別是對本文具有相當的啟發：認為東漢皇室本身、外戚、官僚士大夫，甚至是宦官集團，都可以說是豪族出身，東漢末的外戚宦官以及士大夫間的政治鬥爭則可視為是清流豪族與濁流豪族之間的鬥爭史，這樣的論點為靈帝朝紛亂的政局，立下了一個正確的註解。

崔向東的《漢代豪族研究》﹝註31﹞一書，從豪族的定義、形成、發展與演變，及其對兩漢政治、經濟和文化等方面所產生的重大影響，參酌大量古今中外史料，認為豪族的概念，﹝註32﹞在於"豪"突出了豪族所具有的強力性，即豪族擁有政治權力、經濟勢力和軍事勢力；"族"突出了豪族所具有的宗族性、社會性，並且從國家與社會的關係角度來探查，認為研究豪族是解讀兩漢乃至魏晉諸多社會問題的關鍵。

余英時〈東漢政權之建立與士族大姓關係〉﹝註33﹞一文，提到東漢政府開始注意到豪族土地兼併與奴婢買賣的迅速發展，並對其展開限制的行動，

﹝註30﹞楊聯陞，〈東漢的豪族〉，《清華學報》11：4，1936。收於《中國通史論文選輯》，台南：久洋出版社，1985。

﹝註31﹞崔向東，《漢代豪族研究》，武漢：崇文書局，2003。

﹝註32﹞崔向東，《漢代豪族研究》，對於豪族在不同時期的發展中，第一期：在漢初到武帝期間，可視為各游離勢力逐漸融入國家權力結構中，並遵從主權所支配的秩序。第二期：武帝到王莽時期，則是豪族的官僚化與世官化。第三期：東漢建立以後，豪族開始呈現出「士族化」的特色。

﹝註33﹞余英時，〈東漢政權之建立與士族大姓關係〉，《中國古代知識階層史論》，台北：聯經出版公司，1989。

足見豪族勢盛已經影響到整個國家的社會經濟問題。韓復智〈兩漢經濟問題的癥結〉〔註34〕一文提出兩漢經濟的根本問題，就是土地兼併和商業的畸形發展，尤其是東漢時期因大地主的聲勢已凌駕資本家之上而變成輕商，而這些大地主當然就是朝野的豪強大族，也說明了農民飽受官府與民間豪強的多重剝削。

有關東漢政府針對土地兼併所提出的對策，在韓復智〈東漢的土地問題〉〔註35〕一文裡有限田、井田之不同解決方式的探討。勞榦〈戰國秦漢土地問題及其對策〉〔註36〕一文也明白指出東漢土地改革的失敗，關鍵就在於統治者本身即為經濟上的既得利益者，在顧及統治者自身以及政權支柱的官僚之利益前提下，圖謀改革的學者和政治家即使作出再大的努力，也是徒勞無功的。

當政府無法改善每況愈下的民生經濟，農民生活困頓，三餐無以為繼，人禍為害若再遭逢天災肆虐，農民則成為流民、盜匪，孫如琦〈東漢的流民和豪強〉〔註37〕一文提出了這樣的看法，並且強調頓失依靠的流民若轉化成激烈反抗政府的軍事力量，這即為政府最大的警訊，因此安撫與安頓流民，便是朝廷的當務之急。然而以靈帝朝當時內外交迫的窘態來看，不但無法解決人民生計之基本所需，而只是讓這些問題不斷地惡化下去。

朱大昀主編之《中國農民戰爭史》秦漢卷〔註38〕專章探討東漢豪族地主的腐敗統治和各族人民的悲慘境遇，強調農民反抗政府的起義行動，就是階級矛盾普遍尖銳激烈的深刻反映，在當時民間宗教信仰廣為流行的情況下，利用神權及教義來號召農民，組織反政府的起義運動，成為東漢中後期最嚴重的社會問題。文中對於「黃巾起義」的背景、成因、爆發、經過以及後續餘部的發展……等，都予以詳實的描述與分析，特別是評論黃巾軍本身的弱點及缺失，以及黃巾軍失敗後所形成的割據勢力及彼此間的兼併混戰，實為靈帝朝開始潰散的重要關鍵。

薩孟武《中國社會政治史》〔註39〕一書，雖訂名為"社會政治史"，但

〔註34〕韓復智，〈兩漢經濟問題的癥結〉，《思與言》5：4，1967。收於《中國通史論文選輯》，台北：臺灣書局，1969。
〔註35〕韓復智，〈東漢的土地問題〉，《國立編譯館》6：2，1977。收於《漢史論集》，台北：文史哲出版社，1980。
〔註36〕勞榦，〈戰國秦漢土地問題及其對策〉，《大陸雜誌》，第2卷，1951：5。
〔註37〕孫如琦，〈東漢的流民和豪強〉，《浙江學刊》，1993：3。
〔註38〕朱大昀主編，《中國農民戰爭史》秦漢卷，北京：人民出版社，1990。
〔註39〕薩孟武，《中國社會政治史》，台北：三民書局，1998。

內容確能廣泛地探討政治、軍事、經濟、社會與文化等多面向的歷史成因，有助於筆者在論證上的能參考更多有關民生經濟層面的論點。作者在論及「黃巾之亂」之成因時，提到：「當政府不能保護人民，人民只有反抗政府，於是知識階級的改革運動失敗後（黨錮之禍），又變成下層階級的暴動，終而發生了黃巾之亂。」以靈帝朝社會變動的角度來看，這段敘述頗具見解。

這裡必須特別強調與說明的是，漢靈帝中平元年（184 年），張角以太平道聚眾反抗政府一事，因立場與史觀的不同，則出現三種不同的名稱：

第一、「黃巾之亂」：是指聚眾為匪、劫掠州府，是以反政府的叛亂集團來看待。

第二、「黃巾起義」：認為是人民對於暴政的本能反抗，屬於官逼民反下所引發之革命運動，是以農民起義事件的肯定態度來看待。

第三、「黃巾民變」：筆者使用"黃巾民變"一詞，同時兼具上述兩種特性，故在本文的論述上，將此歷史事件以「黃巾民變」來稱呼，是以中立的態度來看待。但是在徵引文獻方面，為求對於原作者之尊重，就必須援用原文裡的名稱，因此本文對此歷史事件的敘述，將出現以上三種不同名稱。

（四）關於戚宦相爭

史家對於東漢的中衰，最常見的評論即是：「"外戚"與"宦官"的循環相爭。」的確，以靈帝朝來觀察，這句話可視為是最確切的例證，從靈帝的即位到死亡，外戚、宦官多次的政治角力，到最後則兩敗俱傷。

王連升《中國宮廷政治》〔註 40〕一書分別以〈外戚的困惑——外戚干政問題分析〉，以及〈皇帝的家奴——宦官擅權現象剖析〉兩章進行分析論述，對其角色之歷史淵源、發展、在各領域的表現，以及對朝廷的貽禍……等，給予完整性的介紹與探討。王林子〈兩漢外戚宦官專權問題論述〉〔註 41〕一文，分別論述了外戚、宦官專權的產生、相互擅權、專權的憑藉，以及外戚、宦官專權是皇權的異種形式，強調皇權仍是具有駕馭戚宦的主動權，戚、宦之命運仍是取決於皇帝的意志，最後則討論外戚、宦官政治的黑暗面。

靈帝朝時期外戚與宦官的鬥爭，宦官在第二次黨錮獲勝之後，在政治權勢上一直佔著上風，余華青的《中國宦官制度史》〔註 42〕一書，對於宦官在中國

〔註 40〕王連升，《中國宮廷政治》，太原：山西教育出版社，1992。
〔註 41〕王林子，〈兩漢外戚宦官專權問題論述〉，《天水師專學報》（哲社版），1996：1。
〔註 42〕余華青，《中國宦官制度史》，上海：人民出版社，1993。

政治發展上的定位與影響，具完整與系統的論述，特別是對東漢王朝宦官勢力的發展過程、宦官與外戚的鬥爭、黨錮之禍、到最後宦官集團的覆亡，有著相當詳實的陳述與說明。馬良懷〈兩漢宦官考〉〔註43〕一文，認爲兩漢是中國宦官發展史上的一個極其重要的時期，對於東漢政治曾產生過重大的影響，尤其是參與祭祀典禮、涉足司法、典領禁軍與監軍等，足以看出宦官在政局上的影響力已漸趨加深加廣。蕭璠〈關於漢代的宦官〉〔註44〕一文，針對宦官的來源，他們的心理狀態、受君主委任親信的原因、走上專執朝政的過程等做出詳細的探討，有助於筆者對於宦官形象及宦官集團具有較全面的認識。

高兵〈東漢末皇權對三大政治集團的態度〉〔註45〕一文，提到皇權之下有三大政治勢力集團，也就是宦官集團、外戚集團以及官僚士大夫集團，皇權立於這三大政治團體之上，必須有效地進行領導統馭，並且取得三者的均勢與制衡。靈帝在防範、甚至打擊這三大政治集團的同時，卻又必須依賴、倚重他們，這也突顯出靈帝時期政局的複雜性、以及皇權與三大勢力之間的微妙關係。作者對靈帝之評價不惡，特別是有效地運用皇權來制衡、打擊其下的政治勢力，又能迅速地動員國家機器的力量來鎮壓黃巾民變……等，這樣的論述觀點，實有別於一般史家對漢靈帝極其負面的歷史評價，對於筆者在探究本文中心人物"漢靈帝"時，提供更全面性的思考角度。

第三節 研究方法與各章節主題

綜合上述討論，有關東漢衰亡之重要歷史事件與主題，學界已有豐富的研究成果，然而牽涉到上古史至中古史過渡期間的轉折變化，特別是重要主題之延續性以及彼此間的交互關係與影響，這方面的專論仍顯不足。筆者試圖以最關鍵的漢靈帝本人及其朝政爲研究主體，從漢靈帝時期的政局變化，去觀察與瞭解時代的轉折變遷與脈動。

在研究方法上，筆者採用考證與分析史料的方法，將靈帝時期政局發展裡重要史實，配合原典的應用，以作爲考證之基礎，例如以人物紀傳爲主的《後漢書》、《三國志》；以時間排編年排序的《後漢紀》、《資治通鑑》等史籍，

〔註43〕馬良懷，〈兩漢宦官考〉，《中國史研究》（北京），1987：1。
〔註44〕蕭璠，〈關於漢代的宦官〉，收於《中國歷史論文集》，台北：台灣商務，1986。
〔註45〕高兵，〈東漢末皇權對三大政治集團的態度〉，《齊魯學刊》，1998：5。

都是極為基礎與根本的史料來源，另外，適當的徵引古今中外學者所做出之研究成果，將古今史料加以綜合分析，並且以核心（靈帝的出身與習性）、縱向（朝廷內部外戚、宦官與士大夫之間的鬥爭）與橫向（朝廷外部社會經濟與軍事國防）三個部分進行析論（見圖 6-1），冀望在複雜之構成因素裡，釐清當代歷史變遷之關鍵。

　　本文以漢靈帝時期的政局為中心主題，考察以上各相關問題，除第一章緒論與第六章結論之外，各章探討主題分別介紹如下：

第一章　緒　論
　　第一節　研究緣起與取向
　　第二節　前人研究成果
　　第三節　研究方法與各章節主題

第二章　士風的沉淪
　　第一節　第二次黨錮之禍
　　第二節　靈帝的因應措施與改革
　　　一、黨錮之後的因應
　　　二、靈帝的改革
　　　　（一）三互法
　　　　（二）熹平石經
　　　　（三）創設鴻都門學
　　第三節　賣官鬻爵

第三章　軍事國防的緊張
　　第一節　東漢的邊疆策略
　　第二節　北方的鮮卑與烏桓
　　　一、鮮卑
　　　二、烏桓
　　第三節　南蠻與西南夷
　　　一、江夏蠻
　　　二、西南夷
　　　三、板楯蠻
　　　四、武陵蠻

　　第二章：以兩次黨錮之禍為時空背景，切入本文的核心部分，介紹靈帝的家世出身，以及靈帝即位之初隨即面臨宮廷內部各方勢力之間的鬥爭，並探討黨禍後靈帝的因應態度、內政上所作的改革，分析靈帝貪婪習性之養成與賣官鬻爵的貽害。

　　第三章：東漢建朝以來對邊疆採消極退讓政策，造成了邊族入寇襲擾不斷，並成為靈帝朝廷外部的巨大壓力，除了造成邊地緊張、人民飽受徵調之苦以外，所投入鉅額的軍旅費用，已達耗竭國庫，動搖國本的地步。

　　第四章：東漢是豪族地主支持下所建立的王朝，朝廷的官僚、外戚，以及地方的州郡長吏、富賈地主等，都是豪族出身，豪強競相兼併土地，使得農民生活困頓、流離失所且聚集爲盜匪，在宗教思想瀰漫與策動之下，人心思變，終於引爆了反政府的「黃巾民變」。

　　第五章：主要探討黃巾民變後，靈帝本身的因應態度，以及靈帝之皇權如何對其下官僚士大夫、宦官、外戚之三大政治勢力集團，作出有效的統馭與制衡，最後因地方行政制度的變革，與中央戚宦再度惡鬥，致使地方與中央呈現分裂之局。

第二章 士風的沉淪

　　漢靈帝登基於建寧元年（168 年），即位之初所面對的是前朝桓帝延熹九年（166 年）第一次黨錮之禍的貽害，不僅朝臣士大夫與宦官之間嚴重衝突，其背後更隱藏著皇帝與外戚勢力之間的再次政治角力。

　　靈帝朝仍不脫東漢幼主即位的惡例，年僅十二歲的靈帝，即位之初，仍由母后竇太后臨朝，外戚勢力援引被禁錮的黨人，戚宦惡鬥再度引爆，靈帝建寧二年（169 年）釀起第二次黨錮之禍的悲劇，這樣的政治亂局，對於初即帝位的靈帝而言，可以說是黑暗與不幸的開始，本章針對靈帝面臨紛亂政局的因應措施及其改革，以及後續的政局發展進行分析與探討。

第一節　第二次黨錮之禍

　　東漢前期的政治，在開國建朝的光武帝以及明帝、章帝三代，可以說是東漢政局的治世。但自章帝以後，即位的皇帝因年齡太小，遂由母后臨朝聽政，范曄在《後漢書》卷 10 上〈皇后紀〉中指出了這個不尋常的現象：

> 東京皇統屢絕，權歸女主，外立者四帝，臨朝者六后，莫不定策帷幄，委事父兄，貪孩童以久其政，抑明賢以專其威。任重道悠，利深禍速。〔註1〕

〔註 1〕范曄，《後漢書》，卷 10，〈皇后紀〉上，北京：中華書局，2001，頁 401，以下均採同樣版本。其中外立者四帝，是指安、質、桓、靈；臨朝者六后，是指竇、鄧、閻、梁、竇、何。

這意味著幼主常遭遇到夭折或者是絕嗣的情況下，當權派往往爲了尋求自保，寧願放棄親長、賢明者，而選擇童稚、昏庸者，以利於掌控權柄。宦官和外戚集團都是依附皇權而得以發展，〔註2〕是中央統治集團的重要組成部分，尤其是東漢外戚宦官專權，利用皇帝年幼無知也是一大特點，〔註3〕這樣的情況從和帝開始便不斷的上演，我們試從下表之東漢歷代皇帝的年壽、在位期間、即位年齡以及子嗣人數等資料，即可看出如此政局不穩的態勢：〔註4〕（參閱表2-1）

由此表可知，自章帝以後，普遍呈現出幼主即位的情況，幼主年紀太輕，無法臨朝視事，於是母后臨朝聽政，而母后必將重用外戚，但卻也導致外戚勢力復盛的局面，特別是前朝外戚王莽篡漢之殷鑑不遠，等到幼主年長懂事後，逐漸無法容忍下去。君主從小到大，只有宦官服侍在側，禁宮裡面除宦官之外，其他人便不能隨便進入，這是自和帝開始即有這樣的記載：

> 中興之初，宦官悉用閹人，不復雜調它士。至永平中，始置員數，
> 中常侍四人，小黃門十人。和帝即祚幼弱，而竇憲兄弟專總權威，
> 內外臣僚，莫由親接，所與居者，唯閹宦而已。〔註5〕

君主和宦官在朝夕相處下，宦官便容易得到君主的信任，宦官可說是皇權的寄生物，其天職就是充當皇帝的奴僕，他們無法離開皇權單獨行使政治權力，更不能像官僚士大夫和外戚那樣取皇權代之，故深受皇帝寵信，可說是皇權依賴的政治工具，〔註6〕雙方在立場一致且較無利害衝突下，彼此合作，並聯手將權力從外戚之手奪回，如此一來，政權又落入宦官之手。〔註7〕（參閱表2-2）

等到君主逝世，幼主即位，母后又臨朝聽政，外戚的勢力日漸強大，宦官的末日又來了。這樣外戚、宦官的爭權成爲持續性的惡性循環，從漢和帝到桓靈之末，外戚宦官交互傾軋的政治局面，循環往復，演成了一種公式（參

〔註2〕 林維青，《被閹割的守護神——宦官與中國政治》，台北：萬象圖書公司，1993，頁81。

〔註3〕 王林子，〈兩漢外戚宦官專權問題論述〉，《天水師專學報》（哲社版），1996：1，頁78。

〔註4〕 錢穆，《國史大綱》上，台北：臺灣商務印書館，1990，頁115。

〔註5〕 《後漢書》，卷78，〈宦官列傳第六十八〉，頁2509。

〔註6〕 高兵，〈東漢末皇權對三大政治集團的態度〉，《齊魯學刊》，1998：5，頁81。

〔註7〕 同註4，頁117。

閱表 2-3）。〔註8〕東漢一代，總的來說是從和帝到桓帝時期，外戚占優勢，桓帝以後，宦官占了上風，皇帝成為兩種勢力爭取的對象，〔註9〕循環爭權帶來的即是宮庭內鬥以及政局不穩。外戚的驕奢專橫，宦官禍國殃民，深為崇尙名節的士人所不齒。〔註10〕原因是東漢一朝自光武帝以來，鑑於新莽時期士人不尙德性操守，不辨是非而苟生於亂世，因此決心矯正這種不良風氣，特別提倡儒術，表彰氣節，建立太學，設置五經博士，當時朝廷功臣，多半出自儒生，《後漢書》卷 79 上〈儒林外傳〉序中提到：

> 昔王莽、更始之際，天下散亂，禮樂分崩，典文殘落。及光武中興，
> 愛好經術，未及下車而先訪儒雅，採求闕文，補綴　漏逸……於是
> 立五經博士，各以家法教授……建武五年，乃修起太學，稽式古典，
> 籩豆干戚之容，備之於列，服方領習矩步者，委它乎其中。〔註11〕

這樣崇儒的精神，正是新王朝建立時所必須執行的，特別是對於不仕王莽新朝的儒流名士，不遺餘力，訪求徵召。對徵召的士人，光武帝親接下問，授官任職，恩寵隆異，並且表示十分尊重學術，因此讓更多士人主動效忠東漢政權〔註12〕。如此一來，使得東漢士風號稱淳美，但也產生不少流弊，即競以名行相高，形成了「清議」〔註13〕的風氣，且進一步影響了地方郡國之察舉以及中央公府之徵辟的選才方式。〔註14〕

　　又明、章以來，由於多年獎勵士節以及提倡儒術的結果，形成了社會上的特殊現象：第一、讀書人具有深厚的名教觀念，他們自視甚高，嫉惡如仇，視人格操守重於功名利祿，這種觀念，往大處發展則形成之種慷慨激昂的殉道精神，往狹隘方面走，則形成一種偏急的狷介之氣。第二、東漢屢朝擴建太學，太學生多為社會清流，與貴族弟子、在朝公卿以及在野名流互通聲氣。他們大

〔註8〕陳致平，《中國通史》第二冊，台北：黎明文化事業公司，1975，頁 305。
〔註9〕王林子，〈兩漢外戚宦官專權問題論述〉，《天水師專學報》（哲社版），1996：1，頁 76。
〔註10〕賴榕祥，《中國歷代治亂興亡史》，台北：文崟書局，1981，頁 135。
〔註11〕《後漢書》，卷 69 上，〈儒林列傳第六十九上〉，頁 2545。
〔註12〕林劍鳴，《秦漢史》，上海：人民出版社，2004，頁 743。
〔註13〕辛旗，〈王符的社會批判思想與東漢末年清議思潮〉，《甘肅社會科學》，1994：3，頁 34。作者認為「清議」最初為太學生與士族知識分子品評擇官的社會輿論與道德評價由指向人格才幹轉向朝政，終招致宦官集團的鎮壓，成數次"黨錮之禍"。士人懾於殘酷的殺戮，清議開始變成地方士族知識分子相互激勵的一種道德行為，並與民間鄉飲酒禮相結合。
〔註14〕錢穆，《國史大綱》上，頁 132。

多對現狀極端不滿，在憤世嫉俗的情緒下，發為「清議」以批評時政，評判人物，成為一種社會風氣。〔註15〕這也意味著在宦官、外戚的反覆鬥爭之下，尚有另外一股政治勢力的興起，也就是官僚士大夫以及太學生集團，皇帝雖然在感情上親近外戚和宦官，但出於實際統治的需要，對他們亦須加以防範，這樣就不得不重用政治、文化、道德水平較高的官僚士大夫，以取得皇帝對於外戚、宦官、官僚士大夫之三大政治集團的政治均勢與相互制衡。〔註16〕

在外戚、宦官的把持下，皇帝本人很難有所作為，這更使得戚宦勢力對於現實的政治經濟影響力，日益加深。朝廷的黑暗，使吏治更加腐敗，選舉官吏原已是但憑權富與人事，不少官吏是以財貨換來的，而一些擅權的宦官還竭力把那些失意無行而依附自己的人，提拔為官，致使吏治越來越混亂。〔註17〕桓、靈時期的宦官專權干政，自然成為士人與太學生共同討伐與攻擊的對象，范曄在《後漢書》卷78〈宦官列傳第六十八‧宦者侯覽傳〉云：

> 侯覽者，山陽防東人。桓帝初為中常侍，以佞猾進，受納貨遺以巨萬計。延熹中，連歲征伐，府帑空虛，乃假百官俸祿，王侯租稅。覽亦上縑五千匹，賜爵關內侯。又託以與議誅梁冀功，封高鄉侯。〔註18〕

王符《潛夫論》卷2〈本政〉中也提到：

> 今當塗之人，既不能昭練賢鄙，然又卻於貴人之風指，脅以權貴之屬託，請謁填門，禮贊輻輳，迫於目前之急，則且先之，此正士之所獨蔽，而群邪之所黨進也。〔註19〕

宦官貪婪枉法，並群起效尤，令時人忍無可忍：

> 逮桓靈之閒，主荒政繆，國命委於閹寺，士子羞與為伍，故匹夫抗憤，處士橫議，遂乃激揚名聲，品覈公卿，裁量執政。〔註20〕

朝野名士對於宦官的作為感到不屑，與太學生結成清流團體，除了對宦官干政專權不滿之外，尤其是宦官集團及其黨羽嚴重地阻塞了他們的仕途以及升官發財的道路。〔註21〕然而宦官的勢力，不僅盤踞內廷，其子弟親黨也分布

〔註15〕陳致平，《中國通史》第二冊，頁305。

〔註16〕高兵，〈東漢末皇權對三大政治集團的態度〉，《齊魯學刊》，1998：5，頁79。

〔註17〕朱大昀主編，《中國農民戰爭史》秦漢卷，北京：人民出版社，1990，頁227。

〔註18〕《後漢書》，卷78，〈宦官列傳第六十八〉，頁2522。

〔註19〕王符原著，彭丙成注譯，《潛夫論》，台北：三民書局，1998。

〔註20〕《後漢書》，卷67，〈黨錮列傳第五十七〉，頁2185。

〔註21〕馬懷良，〈論東漢後期的黨錮之禍〉，《華中師院學報》，1983：4，頁34。

在全國各州郡，這些親黨日後都能攀附宦官所掌控的察舉，進身仕途，他們互相攀引，日益繁滋，專橫獨斷，〔註22〕也形成了一個團體。這兩個團體針鋒相對、水火不容，這也逐漸地浮現出黨錮之禍的端倪與其背景所在。

志同道合者集結成黨，宋代歐陽修在「朋黨論」中有精闢獨到的見解：

> 臣聞朋黨之說，自古有之，惟幸人君辨其君子小人而已。大凡君子與君子以同道爲朋，小人與小人以同利爲朋，此自然之理也。然臣謂小人無朋，惟君子有之。其故何哉？小人所好者祿利也，所貪者財貨也。當其同利之時，暫相黨引以爲朋者，僞也；……君子則不然，所守者道義，所行者忠信，所惜者名節。以之修身，則同道而相益；以之事國，則同心而共濟，始終如一，此君子之朋也。故爲人君者，但當退小人之僞朋，用君子之眞朋，則天下治矣。〔註23〕

以此來譬喻東漢的黨錮之禍，士人與宦官之間的鬥爭，是相當貼切的，君子與小人各自集結成黨，其目的性以及情操、氣節，是截然不同的。

東漢之所以有「黨人」的名稱，是始於甘陵南北部，〔註24〕即周福與房植兩人，周福字仲進，在漢桓帝幼年爲蠡吾侯時的老師，桓帝即位，便成爲朝中的尙書；房植字伯武，也很有道德名望，做了河南尹。甘陵人有兩句歌謠說：「天下規矩房伯武，因師獲印周仲進。〔註25〕」於是兩家賓客各自標榜，時人稱爲南北部黨人。因此在當時構成了這樣的風氣，士人名流之互相標榜者，即被稱之爲黨人。當黨人形成龐大團體時，在政治與社會上便會凝聚成極有影響力的黨人集團。

根據金發根在「東漢黨錮人物分析」〔註26〕一文中，從兩方面來探討黨人集團的構成：

第一、就黨人的家世來看，清流的領導人物大多數都是累世的經學世家大族，或者是疏遠的宗室，他們的社會背景和精神結構是相同的，由於本身都受過經學的薰陶，所以對政治是有其理想的，加上這些經學世家的弟子動輒數百人甚至數千人，他們也透過經學入仕，又形成了新的一批累世公卿的

〔註22〕劉元虹，〈東漢士人的救國運動〉，《嘉義師專學報》，1974：5，頁279。
〔註23〕歐陽修，〈朋黨論〉，收於《古文觀止》，台北：臺灣古籍出版社，1997，頁722。
〔註24〕羅彤華，〈東漢黨人之士風與義行——兼論黨錮之禍的起因〉，《中華文化復興月刊》，1988：11，頁17。
〔註25〕《後漢書》，卷67，〈黨錮列傳第五十七〉，頁2186。
〔註26〕金發根，〈東漢黨錮人物的分析〉，《史語所集刊》34本，1963，頁507。

家族，如果政權逐漸被宦官之類的濁流侵奪時，彼此因為利害的相同，遂形成聲氣相通的結合體，形成一股強大的勢力。

第二、就黨人與門生故吏的角度來看，由於選舉和辟舉的緣故，東漢門生故吏與府主宗師的關係是非常密切的，甚至每當府主宗師死後，其門生故吏就要為他服喪和立碑，由於薦舉、辟舉、察舉和從學，黨人之間幾乎都很容易攀上門生、故吏、同門、共事的關係。此外，地域與交友也是構成黨人集團的原因。〔註27〕

以清流自許的黨人，對於宦官的專橫痛恨不已，並群起而攻，特別是「壟斷仕途」這一點，「州牧郡守承順風旨，辟召選舉，釋賢取愚」〔註28〕，使朝臣士大夫與太學生們在立場上更趨一致，也更具有同仇敵愾的凝聚力。特別在桓帝以後，察舉體制更加腐敗，察舉多不當其才德，宦官公然受賄，政風澈底敗壞，如同葛洪在《抱朴子》〈審舉篇〉裡的描述：

> 桓靈之世，柄去帝室，政在奸臣，網漏防潰，風積教沮。抑清德而揚諂媚，退履道而進多財。力競成俗，苟得無恥。或輸自售之寶，要人之書；或父兄貴顯，望門而辟命。……
>
> 靈獻之世，閹宦用事，群姦秉權，危害忠良。臺閣失選用於上，州郡輕貢舉於下。夫選用失於上，其牧守非其人矣；貢舉輕於下，則秀孝不得賢矣，故時人語曰：「舉秀才不知書；舉孝廉父別居；寒素清白濁如泥，高第良將怯如雞。」〔註29〕

東漢末年特別是桓帝、靈帝在位期間，政局昏暗的程度由此可知，也使的當時官僚士大夫以及太學生集團奮起抨擊宦官權貴，揭露出社會的矛盾與亂象，並羞於與之為伍。其中最關鍵的因素就在於宦官對於察舉的壟斷，使得在政治界裡正常的階層流動方式變得非常的困難，於是黨人不得不採取向擁有皇權為靠山的宦官集團進行公然的挑戰，然而這卻是種極度危險的行為。〔註30〕黨人除了不畏權勢之外，更公開品評公卿大臣，裁判當政權貴，這種褒貶人物的風氣及輿論，轉化成一種高操的品格風行於世，並且互相推崇。

〔註27〕 同上註，頁516。

〔註28〕 《後漢書》，卷78，〈宦官列傳第六十八〉，頁2526。

〔註29〕 葛洪，《抱朴子》外篇，〈審舉卷第15〉。收於《諸子集成》（八），世界書局，1935，頁127。

〔註30〕 度邊義浩，《後漢国家の支配と儒教》，東京：雄山閣出版株式会社，1994，頁394。

范曄在《後漢書》卷 67〈黨錮列傳〉云：

> 諸生三萬餘人，郭林宗、賈偉節為其冠，並與李膺、陳蕃、王暢更
> 相褒重。學中語曰：「天下模楷李元禮，不畏強禦陳仲舉，天下俊秀
> 王叔茂。」又勃海公族進階、扶風魏齊卿並危言深論，不隱豪強；
> 自公卿以下，莫不畏其貶議，屣履到門。〔註31〕

這股清流集團的勢力，耿直敢言，在政治黑暗的當下，「清議」的確起了一定
的激濁揚清的作用，但這卻在宦官集團中埋下了仇恨的種子。〔註32〕桓帝時，
李膺擔任主持京師附近中樞地區行政的最高長官「司隸校尉」，為人「獨持風
裁，以聲名自高，士有被其容接者，名為登龍門。」〔註33〕不但是清流派的
領導中心，更是士大夫與太學生們學習的榜樣與模範。

　　桓帝延熹九年（166 年），李膺捕殺了與宦官勾結、教子殺人的方士張成，
宦官集團則藉此機會唆使張成弟子牢修誣告李膺等人「養太學游士，交結諸
郡生徒，更相驅馳，共為部黨，誹訕朝廷，疑亂風俗。」〔註34〕。太學生與
官僚士大夫互相標榜，攻訐朝政，已被視為「游士」，也就是體制外的遊動力
量，甚至是皇權與政府的反動力量。當時的名士申屠蟠似乎已有先見之明：

> 先是京師游士汝南范滂等非訐朝政，自公卿以下皆折節下之。太學
> 生爭慕其風，以為文學將興，處士復用。蟠獨歎曰：「昔戰國之世，
> 處士橫議，列國之主，至為擁篲先驅，卒有阬儒燒書之禍，今之謂
> 矣。」乃絕迹於梁碭之間，因樹為屋，自同傭人。居二年，滂果然
> 罹黨錮，或死或刑者數百人，蟠確然免於疑論。〔註35〕

在宦官集團的策動與鼓譟下，使得桓帝震怒，並詔令郡國，逮捕「黨人」。於是，
李膺等被捕入獄，太尉陳蕃也以用人不當的罪名被免職，並牽連陳寔、杜密、
范滂等二百多人。次年，即永康元年（167 年），城門校尉竇武上疏桓帝：

> 「自即位以來，未聞善政，梁、孫、寇、鄧雖或誅滅，而常侍、黃
> 門續為禍虐，欺罔陛下，競相譎詐，自造制度，妄爵非人，朝政日
> 衰，姦臣日疆。……今台閣近臣尚書令陳蕃、僕射胡廣、尚書朱禹、
> 荀緄、劉祐、魏朗、劉矩、尹勳等，皆國之貞士、朝之良佐。尚書

〔註31〕《後漢書》，卷 67，〈黨錮列傳第五十七〉，頁 2185。
〔註32〕侯林莉，〈黨錮之禍與知識分子氣節〉，《歷史教學》，1999：2，頁 14。
〔註33〕《後漢書》，卷 67，〈黨錮列傳第五十七〉，頁 2191。
〔註34〕同上註，頁 2187。
〔註35〕《後漢書》，卷 53，〈申屠列傳第四十三〉，頁 1752。

> 郎張陵、嬀皓、范康、楊喬、邊韶、戴恢等，文質彬彬，明達國典。……
>
> 抑奪宦官欺國之封，案其無狀誣罔之罪，信任忠良，平決臧否，使
>
> 邪正毀譽，各得其所。寶愛天官，唯善是授。」〔註36〕

從寶武的上疏中看出當時中常侍、黃門等之宦官以天子近習占據禁中，漸將尚書團從天子的側近擠出，已奪其權，因此主張應重用台閣之近臣，即重用尚書團。〔註37〕因城門校尉寶武、尚書霍諝二人共同上表爲黨人求情，在桓帝怒氣漸消下，才赦免了他們，且令他們返回故里，終身不得任官，而黨人的名字，還記錄在官府之中，這就是桓帝期間的第一次黨錮之禍。

士大夫與太學生雖遭受政治無情的打壓，但卻是愈挫愈勇，甚至產生了意想不到的結果，那就是公眾的輿論傾向于黨人，〔註38〕使得太學生與當時的名士愈受到社會上之敬重，因此他們更加互相標榜起來。〔註39〕這股勇氣與熱情，群情激憤且無懼於政府的禁錮殘害，並且爲天下的名士崇高的稱號，例如「三君」、「八俊」、「八顧」、「八及」以及「八廚」：

> 寶武、劉淑、陳蕃爲「三君」。君者，言一世之所宗也。
>
> 李膺、荀昱、杜密、王暢、劉祐、魏朗、趙典、朱禹爲「八俊」。俊者，言人之英也。
>
> 郭林宗、宗慈、巴肅、夏馥、范滂、尹勳、蔡衍、羊陟爲「八顧」。顧者，言能以德行引人者也。
>
> 張儉、岑晊、劉表、陳翔、孔昱、苑康、檀敷、翟超爲「八及」。及者，言其能導人追宗者也。
>
> 度尚，張邈、王考、劉儒、胡母班、秦周、蕃嚮、王章爲「八廚」。廚者，言能以財救人者也。〔註40〕

這些光榮的美稱，廣被流傳與讚揚，這些受到標榜的士人，成爲黨禍之後更爲強勁、更具凝聚力的民意歸向，足以形成反抗當權宦官集團的輿論力量，

〔註36〕《後漢書》，卷69，〈寶武列傳第五十九〉，頁2240。

〔註37〕鎌田重雄著，鄭欽仁譯，〈漢代的尚書官——以領尚書事與錄尚書事爲中心〉，《大陸雜誌》，1969：1，頁36。

〔註38〕楊凱毅，〈淺談東漢末年黨錮之禍——范曄《後漢書・黨錮列傳》簡評〉，《惠州大學學報》（社會科學版），1997：2，頁58。

〔註39〕孫寧瑜，〈東漢太學生參與政治活動之研究〉，《台北市立女子師範專科學校學報》5，1977，頁21。

〔註40〕《後漢書》，卷67，〈黨錮列傳第五十七〉，頁2187。

〔註41〕且在逮捕狀中列名，甚至可當做是名士的證明，〔註42〕未遭逮捕之士人，反而會深以為恥，以當時度遼將軍皇甫規為例：

> 及黨事大起，天下名賢多見染逮，規雖為名將，素譽不高。

> 自以西州豪傑，恥不得豫，乃先自上言：「臣前薦故大司農張奐，是附黨也。又臣昔論輸左校時，太學生張鳳等上書訟臣，是為黨人所附也。臣宜坐之。」朝廷知而不問，時人以為規賢。〔註43〕

度遼將軍皇甫規以未受李膺之連坐為恥，冒險並且故意向朝廷提出自己也是黨人之一，士人態度以及普遍民意之向背，可見一般。

永康元年（167年）底，桓帝崩，且無子，桓帝皇后竇氏與其父，也就是當時的城門校尉竇武，共同定策，奉迎劉宏入殿登大位，也就是之後即位的靈帝。「孝靈皇帝諱宏。肅宗玄孫也。曾祖河間孝王開，祖淑，父萇。世封解瀆亭侯，帝襲侯爵。母董夫人。〔註44〕」竇武以外戚的權勢，擁立年僅十二歲的靈帝，於建寧元年（168年）正月，即皇帝位。靈帝初立，竇太后臨朝，並任竇武為大將軍輔政，竇武與陳蕃交情匪淺，於是引陳蕃為太傅：

> 建寧元年春正月己亥，上微至。大將軍竇武持節迎于夏門亭，庚子，即皇帝位。以太尉陳蕃為太傅，與大將軍竇武及司徒胡廣錄事尚書。〔註45〕

竇武與陳蕃兩人同朝並號召海內名賢，李膺、杜密等在第一次黨錮之禍的清流名士再度受到重用。這時天下所有士大夫與太學生們莫不充滿期待，冀望政治清明、政通人和的時代來臨。此外，外戚與朝士相結合，與宦官的敵對更尖銳化。〔註46〕初登大位的靈帝，馬上要面對才剛停歇不久，卻又即將掀起的政治風暴，也就是第二次的黨錮之禍的到來。

陳蕃身為太傅，他一方面對於宦官亂政感到不滿，另一方面本著士大夫以社稷安危為己任的心態下，向臨朝的竇太后提出建言，但卻不為採納：

〔註41〕王子今、方光華主編，《中國歷史——魏晉南北朝史》，台北：五南圖書出版公司，2002，頁154。

〔註42〕伊藤道治等著，吳密察譯，《中國通史》，台北：稻鄉出版社，1992，頁196。

〔註43〕《後漢書》，卷65，〈皇甫規列傳第五十五〉，頁2136。

〔註44〕《後漢書》，卷8，〈孝靈帝紀第八〉，頁327。

〔註45〕袁宏撰，《後漢紀》，〈孝靈皇帝紀上卷第二十三〉，北京：中華書局，2002，頁442，以下均採同樣版本。

〔註46〕張其昀，〈東漢晚期——桓、靈、獻三帝〉，《華學月刊》一一八期，1981：10，頁5。

「臣聞言不直而行不正，則爲欺乎天而負乎人。……今京師 囂囂，道路諠譁，言侯覽、曹節、公乘昕、王甫、鄭颯等與趙夫人諸女尚書並亂天下。……陛下前始攝位，順天行誅，……今不急誅，必生變亂，傾危社稷，其禍難量。願出臣章宣示左右，並令天下諸姦，知臣疾之。」太后不納，朝廷聞者，莫不震恐。蕃因與竇武謀之。〔註47〕

陳蕃深知大將軍竇武在第一次黨錮之禍時，同爲志同道合之士，於是與竇武共謀誅殺宦官之大計，《後漢書》卷69〈竇武列傳〉中提到：

武既輔朝政，常有誅翦宦官之意，太傅陳蕃亦素有謀。時共會朝堂，蕃以私謂武曰：「中常侍曹節、王甫等，自先帝時操弄國權，濁亂海內，百姓匈匈，歸咎於此。今不誅節等，後必難圖。」武深然之。……又徵天下名士廢黜者前司隸李膺、宗正劉猛、太僕杜密……共定計策。於是天下雄俊，知其風旨，莫不延頸企踵，思奮其智力。〔註48〕

竇武、陳蕃誅殺宦官的計劃，卻因爲竇太后身邊被宦官集團包圍，因此竇太后遲未允諾。然而沒想到在竇武等人準備展開殲滅宦官行動的同時，曹節、王甫等宦官集團卻先發制人，並散播謠言：「陳蕃、竇武奏白太后廢帝，爲大逆！」〔註49〕，於是在宮中發動政變，脅幼帝並矯詔誅竇武等人。最終竇武被迫自殺，陳蕃下獄被殺，李膺和陳、竇二人所舉薦的人以及門生、故吏都遭到免官禁錮。陳蕃、竇武同爲「三君」之列，分別代表清流官僚與外戚勢力，也代表了當時價值取向最典型的代表，在「三君」之中，陳蕃是最突出的人物，其德操爲當時名士之冠，是清流派崇尚名節和士節的楷模，是清流派士大夫群體意識的典範。〔註50〕

宦官集團的報復不僅於此，在建寧二年（169年）宦官侯覽又使人誣告清流派「八及」之首長儉與同鄉二十四人結黨謀反，「遂上書告儉與同郡二十四人爲黨，於是刊章討捕」〔註51〕，企圖顛覆國家，以此藉機對清流派一網打盡。宦官曹節更利用這次機會搜捕之前已赦的黨人虞放、李膺、杜密、范滂

〔註47〕《後漢書》，卷66，〈陳蕃列傳第五十六〉，頁2159。
〔註48〕《後漢書》，卷69，〈竇武列傳第五十九〉，頁2241。
〔註49〕《後漢書》，卷69，〈竇武列傳第五十九〉，頁2243。
〔註50〕秦學順，〈論"三君"〉，《西南師範大學學報》（人文社會科學版），2002：9，頁109。
〔註51〕《後漢書》，卷67，〈黨錮列傳第五十七〉，頁2210。

等百餘人下獄，「皆死獄中。或先歿不及，或亡命獲免。自此諸為怨隙者，因相陷害，睚眦之忿，濫入黨中。又州郡承旨，或有未嘗交關，亦離禍毒。其死徙廢禁者，六七百人。」〔註52〕，清流士人，幾難倖免。

綜觀桓、靈期間的兩次黨錮之禍，我們看到太學生與士大夫群體「結黨謗政」，形成具有普遍影響力且外在於皇權之權力中心，這顯然損害了專制體制是權威的唯一來源，意即「皇權」的合法性與唯一性，太學生的作為顯然與皇權「興太學，招諸生」，培養體制的擁護者、建設者之政治理念互相背離，〔註53〕桓帝時期的第一次黨錮，的確看出皇權與宦官集團的聯合，對外戚集團與官僚士大夫集團咄咄逼人的態勢，給予最無情的打擊；靈帝時期的第二次黨錮，則可視為是外戚集團與官僚士大夫集團企圖反攻，但宦官技高一籌，利用了靈帝年幼無知，〔註54〕且尚未掌握實權的大好時機，再次先下手為強：

> 時上年十四，問節等曰：「何以為鉤黨？」對曰：「鉤黨者，即黨人也。」上曰：「黨人何用為而誅之邪？」對曰：「皆相舉群輩，欲為不軌。」上曰：「黨人而為不軌，不軌欲如何？」對曰：「欲圖社稷。」上乃可其奏。〔註55〕

當時年僅十四歲的靈帝與宦官曹節的一段對話，宦官們蒙蔽靈帝，殘害黨人，從這段對話裡便一覽無遺。

兩次黨錮之禍的引爆，並非事發突然，就理想面而言，官僚士大夫與太學生出自於對當時政局的使命感，特別是不滿當時宦官集團蠻橫專權；就現實面而言，出仕任官的管道都被宦官集團所把持，選舉權利完全落入宦官的手裡，為了爭奪選官之權，士大夫就必須聚朋結黨，並結合立場一致的太學生，共同來對抗宦官集團這股邪惡勢力，只是如此盡忠的結果竟是遭到了皇帝的拋棄，在現實政治的壓迫下，當時士人似乎認為退身仕途之外才是正確的選擇，〔註56〕士人僅求安身立命的隱士之風，漸趨成型。

靈帝年幼登基，所面臨的便是前朝與當朝的政治黑暗腐敗以及惡鬥之亂

〔註52〕同上註，頁2188。

〔註53〕姚靜波，〈試析東漢末年太學生離心傾向之成因〉，《史學彙刊》，2001：1，頁92。

〔註54〕王林子，〈兩漢外戚宦官專權問題論述〉，《天水師專學報》（哲社版），1996：1，頁78。

〔註55〕《後漢紀》，〈孝靈皇帝紀上卷第二十三〉，頁448。

〔註56〕劉明東，〈東漢士人之出仕觀念分析〉，《輔大中研所學刊》，1996：6，頁100。

象，一開始受制於竇太后與竇武的外戚勢力之控制，後又宦官發動宮廷政變，鏟除外戚與清流派勢力，靈帝所必須立即處理的問題，便是如何親政統御以及調合宮廷各方之勢力。

第二節　靈帝的因應措施與改革

一、靈帝的因應措施

建寧四年（171 年），靈帝年十五，「四年春正月甲子，帝加元服，大赦天下。賜公卿以下各有差，唯黨人不赦。」〔註 57〕，行加冠禮的同時，決定對全天下施以大赦，並賞賜公卿。這多少可以看出靈帝想嘗試改變處處受制於人的現狀，也希望自己能有所作爲。但大赦時卻只有黨人不赦，這也意味著宦官集團以「捍衛皇權」的神聖理由，發動了兩次的黨錮之禍，順利地發動政變，殘殺清流派士人太學生的策略，是相當成功的。

熹平元年（172 年）六月，竇太后在南宮病逝，靈帝再度面對宮廷內鬥與政爭的危機。以曹節、王甫爲首的宦官集團認爲，竇太后必須因其父大將軍竇武「結黨叛逆」之罪，而不得配食先帝，並且援引漢武帝衛后、桓帝梁后爲例，認爲以貴人禮殯殮竇太后即可。可是靈帝卻不這麼認爲：

> 竇氏雖誅，帝猶以太后有援立之功，建寧四年十月朔，率群臣朝於南宮，親饋上壽。〔註 58〕

基本上靈帝對於竇氏援立自己到達九五之尊的地位，是心存感激的。第二次黨禍以後，竇太后就一直被宦官軟禁在南宮，靈帝其實也想盡一分孝道，於是才有率領群臣去南宮朝見竇太后，並向太后祝壽的舉動。

由此可知，靈帝對於"禮葬"竇太后的態度是較爲堅定的，可是又必須顧慮到他所依賴的宦官集團，所以靈帝決定詔令公卿集議太后的葬禮，就另一個角度來觀察，這也是靈帝欲借公卿方面力量來約制宦官的表現與嘗試。果然，在靈帝、公卿、宦官的集議下，靈帝裁決了公卿們的奏章，並態度強硬地告訴曹節等人：

> 「竇氏雖爲不道，而太后有德於朕，不宜降黜。」〔註 59〕

〔註 57〕　《後漢書》，卷 8，〈孝靈帝紀第八〉，頁 332。
〔註 58〕　《後漢書》，卷 10 下，〈皇后紀第十下〉，頁 446。
〔註 59〕　《後漢書》，卷 56，〈陳球列傳第四十六〉，頁 1833。

這次的葬禮之爭，除了展現靈帝個人意志的決心，也使宦官集團體認到，在靈帝面前必須塑造出群宦是皇權最忠實最可靠的「捍衛者」〔註60〕，特別是必須要一而再、再而三地營造出黨人叛逆與造次的危險氣氛，藉此來強化他們在皇帝身邊不可或缺的絕對地位。而這樣的機會，卻很巧合的隨即到來。同年（172年）秋：

> 熹平元年，竇太后崩，有何人書朱雀闕，言「天下大亂，曹節、王甫幽殺太后，常侍侯覽多殺黨人，公卿皆尸祿，無有忠言者。」於是詔司隸校尉劉猛逐捕，十日一會。猛以誹書言直，不肯急捕，月餘，主名不立。猛坐左轉諫議大夫，以御史中丞段熲代猛，迺四出逐捕，及太學游生，繫者千餘人。〔註61〕

如此毀謗朝廷的告示，竟然出現在皇宮門上，這對於皇帝權力而言，確實是一種挑釁與藐視，靈帝自然耿耿於懷且無法容忍，更何況告示的內容與立場著實是站在"黨人"這邊，使得宦官們更能以黨人"圖危社稷"、以及維護靈帝的尊嚴與利益為由，再次對黨人展開反撲與摧殘，結果就是為了這個匿名告示，又逮捕了一千多位太學生。

熹平五年（176年）四月，永昌太守曹鸞呈上奏章：

> 夫黨人者，或者老淵德，或衣冠英賢，皆宜股肱王室，在右大猶者，而久被禁錮，辱在泥涂。謀反大逆，尚蒙赦宥，黨人何罪，獨不開恕乎！所以災異屢見，水旱荐臻，皆由於斯。宜加沛然，以副天心。
> 〔註62〕

曹鸞的上書固然義憤填膺、慷慨激昂，但卻是嚴重地冒犯了皇帝的權威，忠言逆耳，亙古不變，如此耿直的諫言，不但曹鸞本身惹來殺身之禍，也使得靈帝對黨人採取更進一步的迫害：「於是又詔州郡更考黨人門生故吏父子兄弟，其在位者，免官禁錮，爰及五屬。」〔註63〕也就是黨人本身已遭禁錮之外，與黨人親疏在五族之內，或者是關係較密切者一律不放過，予以加重迫害，此後替黨人說話的，也都沒有好下場。宦官等一派濁流，十分得意，宗親賓客布滿州郡，宰殺天下。這次的"黨錮"較上一次更殘酷，當時有氣節

〔註60〕 徐難于，《漢靈帝與漢末社會》，濟南：齊魯書社，2002，頁84。

〔註61〕 《後漢書》，卷78，〈宦者曹節列傳第六十八〉，頁2525。

〔註62〕 司馬光，《資治通鑑》，卷57，〈漢紀四十九〉靈帝熹平五年，台北：曾文出版社，1977，頁1838，以下均採同樣版本。

〔註63〕 《後漢書》，卷67，〈黨錮列傳第五十七〉，頁2189。

的知識分子幾乎全被摧殘殆盡，能存留下來的除逃匿山林者外，只有寡廉鮮恥、卑事宦官、阿諛諂媚之徒。〔註64〕

知識份子監督政府失敗，並且遭到嚴重迫害，而宦官成為全國的敵人，政府卻淪為宦官的工具。政府不能保護人民，知識份子也無法挽救，人民只有反抗政府，於是知識階級的改革運動，又變成下層階級的暴動，中平元年（184年）終而發生的「黃巾之亂」。〔註65〕這時，也才讓靈帝與宦官有所警覺，擔心黨人與亂軍合謀為變：

> 中平元年，黃巾賊起，中常侍呂彊言於帝曰：「黨錮久積，人情多怨。
> 若久不赦宥，輕與張角合謀，為變茲大，悔之無救。」帝懼其言，
> 乃大赦黨人，誅徙之家皆歸故郡。其後黃巾逐盛，朝野崩離，綱紀
> 文章蕩然矣。〔註66〕

從桓帝延熹九年（166年）到靈帝中平元年（184年），延續了十幾年的黨錮之禍，可以看得出來是清流、濁流兩個豪族集團爭取政治地位的殊死戰。兩方面都有宗親賓客故吏門生。死難的人，雖可稱為忠義，但這樣的忠義對國君的成分變少，而對長官老師的成分變多，道德的涵義也隨時代改變了。〔註67〕兩次黨錮的災難，對於清流之士人已造成莫大的摧殘與打擊，儒家的忠君觀念遭受嚴重地動搖，〔註68〕使他們對國家遠大抱負與理想之初衷，產生了懷疑與新的覺醒，〔註69〕這個部分我們留待第五章第一節裡（靈帝與官僚士大夫集團）再繼續討論。

第二次黨錮從建寧二年（169年），而且延續了十餘年之久，終於在另一波由人民發起的反政府行動中（第四章第三節黃巾民變的爆發）才告一段落，如此被動地解除黨錮，以對抗人民的打擊與反撲行動，對於挽救東漢的滅亡，

〔註64〕林劍鳴，《秦漢史》，頁743。
〔註65〕薩孟武，《中國社會政治史》（一），台北：三民書局，1998，頁394。「黃巾之亂」一辭，是指聚眾為匪，是以反政府之立場而言；大陸學者則以「黃巾起義」稱之，認為是人民對政府暴政的反撲，是以農民起義事件的肯定態度來看待；「黃巾民變」則是以較為中立的態度來看待。
〔註66〕《後漢書》，卷67，〈黨錮列傳第五十七〉，頁2189。
〔註67〕楊聯陞，〈東漢的豪族〉，《清華學報》11：4，1936。收於《中國通史論文選輯》，台南：久洋出版社，1985，頁286。
〔註68〕郝虹，〈漢魏之際忠君觀念的演變及其影響〉，《山東大學學報》（哲社版），1999：3，頁61。
〔註69〕張振龍、祝瑞，〈漢末士人自然理性的覺醒〉，《商丘師範學院學報》，2000：10，頁62。

似乎已是後知後覺了。

二、靈帝的改革

（一）三互法

漢代出仕途徑主要有選舉、辟召以及任子等三類，當初制度設計的立意良好，除了學識才能之外，更兼具德性的考量。但也就是因為德性評判易流於主觀，人為因素影響了客觀的選賢舉能，況且人的私心往往造成「選舉不實」的後果，特別是東漢的建立，可說是光武帝獲得其他豪族的支持而成立的政權〔註70〕，皇室對於豪族的利益，必須相對應的妥協，「權門請託」也就是我們現在所說的「人情關說」的情況，當然是無可避免。韓復智先生在〈東漢的選舉〉一文中，明確的指出東漢選舉的弊端，例如：

1. 東漢選舉孝廉，特別偏重美德高行，因而造成社會上一種取巧作偽與虛聲競進的壞風氣。

2. 孝廉選舉有兩種限制：第一必須是太學生出身，第二必須為服務地方有經驗成績的僚吏。之後因太學生人數遽增，學而優則仕是當時士人唯一的出路，孝廉的名額有限，以致形成一種阿諛空虛之風。能吹善拍之徒得意仕途，正直誠實之人反遭遺棄。

3. 因三公、五府與郡國守相都有辟召與選舉權，加以位置不夠，而形成阿黨比周，故舊報恩與營私舞弊的敗習。

4. 地方選舉權操在郡守手中，因為沒有客觀的標準，一方面易受權門請託，一方面是典選舉的官吏，也多將為自己前途打算，乘機諂事權貴，使得選舉不再是選賢舉能，而變成權貴與富豪子弟的獵官工具。〔註71〕

以上所分析的諸多弊端中，特別是第三項提到的「阿黨比周」的問題，在桓帝、靈帝時期相當嚴重，雖然選舉制度的諸多弊端，夾雜有官僚、富豪、外戚、宦官等複雜勢力成分，但在宦官專政掌權的時代下，黨人成為首要攻擊的目標，於是也引爆了兩次的黨禍。

在上一節我們曾提到，靈帝對於黨人的觀感因受到宦官的影響而相當地負面，擔心黨人會損及皇權的穩定與權威，再者官場上朋黨請託、故舊報恩

〔註70〕楊聯陞，〈東漢的豪族〉，《清華學報》11：4，1936。收於《中國通史論文選輯》，台南：久洋出版社，1985，頁244。

〔註71〕韓復智，〈東漢的選舉〉，《漢史論集》，台北：文史哲出版社，1980，頁394。

的情況普遍嚴重，靈帝爲了對付愈演愈烈的營私之風，於是設立了"三互法"：

> 初，朝議以州郡相黨，人情比周，乃制婚姻之家及兩州人士不得對
> 相監臨。至是復有三互法，禁忌轉密，選用艱難。幽冀二州，久缺
> 不補。〔註72〕

此法是指現職官員之間，彼此如有血緣、地域及親戚等關係，不能在同一機構或同一地區擔任官職，要有意識地進行隔避，以免他們利用職權，互相結黨營私，或礙於情面，袒庇徇法，也就是規定相互通婚之家及幽、冀兩州人士，不得成爲上下級官員，官員迴避的範圍更進一步擴大，使選任官吏的禁忌變多，肯定會在一定程度上堵塞地方各級官吏轉相請託，結黨謀私的途徑，但也造成幽、冀兩州刺史長期缺選，這樣的後果，蔡邕曾上疏靈帝曰：

> 「伏見幽、冀舊壞，鎧馬所出，比年兵饑，漸至空耗。……臣經怪
> 其事，而論者云『避三互』。十一州有禁，當取二州而已。……愚以
> 爲三互之禁，禁之薄者，今但申以威靈，明其憲令，在任之人豈不
> 戒懼，而當坐設三互，自生留閡邪？……臣願陛下上則先帝，蠲除
> 近禁，其諸州刺史器用可換者，無拘日月三互，以差厥中。」書奏
> 不省。〔註73〕

蔡邕的諫言，並未受到靈帝採納，其他州郡的太守、刺史因"三互法"複雜而繁密的迴避禁忌也出現不同程度的空缺狀況，這種空缺狀況，無疑會給靈帝的統治造成新的混亂。〔註74〕司馬光在《資治通鑑》中對三互法也提出了評論：

> 孝靈之時，刺史、二千石貪如豺豹，暴殄烝民，而朝廷方守三互之
> 禁。以今視之，豈不適足爲笑而深可爲戒哉！〔註75〕

又王夫之在《讀通鑑論》也有所批判：

> 夫人情亦惟其不相欺耳，苟其相欺，無往而不欺；法之密也，尤欺
> 之所藉也。漢靈之世，以州郡相黨，制婚姻之家及兩州人士不得對
> 相監臨，立三互之禁，選用艱難，而州郡之貪暴益無所忌。〔註76〕

靈帝設立的"三互法"，姑且不論打壓黨人的目的外，其立意是良善的，只

〔註72〕《後漢書》，卷60下，〈蔡邕列傳第五十下〉，頁1990。

〔註73〕《後漢書》，卷60下，〈蔡邕列傳第五十下〉，頁1990。

〔註74〕徐難于，《漢靈帝與漢末社會》，頁108。

〔註75〕司馬光，《資治通鑑》，卷57，〈漢紀四十九〉靈帝熹平四年，頁1837。

〔註76〕王夫之，《讀通鑑論》，卷8，〈靈帝〉，台北：里仁書局，1985，頁252。

可惜當時的政治環境已相當惡劣，不但未能收到成效，結局更是適得其反而顯得徒勞無功。

（二）熹平石經

靈帝在位期間的另一項重要措施，就是聽從當時郎中蔡邕的建議，正定六經〔註77〕並刻於石碑，此舉發生於熹平四年（175 年），於是稱之爲「熹平石經」。《後漢書》卷八〈孝靈帝紀第八〉中提到：

> 熹平四年春三月，五經文字刻石立於太學之前。〔註78〕

我們先就蔡邕的上書來探究石經背後的真正意涵，《後漢書》卷六十下〈蔡邕傳〉曰：

> 邕以經籍去聖久遠，文字多謬，俗儒穿鑿，疑誤後學，熹平四年，乃與五官中郎將堂谿典、光祿大夫楊賜，諫議大夫馬日磾，議郎張馴、韓說、太史令單颺等，奏求正定六經文字。靈帝許之，邕乃自書（冊）（丹）於碑，使工鐫刻立於太學門外。〔註79〕

蔡邕等人的舉動，背後實有整飭吏治的動機與使命感，《後漢書》卷七十九上〈儒林列傳〉曰：

> 然章句漸疏，而多以浮華相尚，儒者之風盡衰矣。黨人既誅，其高名善士多坐流廢，後遂至忿爭，更相言告，亦有私行金貨，定蘭臺泰書經字，以合其文。熹平四年，靈帝乃詔諸儒正定五經，刊於石碑，爲古文、篆、隸三體書法以相參檢，樹之學門，使天下咸取則焉。〔註80〕

這段記載透露了選官策試的循私舞弊，對於經文的內容與解釋，不但是穿鑿附會，而且還能公然行賄地刪定修改經文，這也顯示出當時官場腐敗之風盛行。

朝廷官僚以蔡邕爲首，希望透過正定五經來杜絕官場策試弊端，此舉也得到了靈帝的許可與支持，當然在相當程度上，我們也可以認定說，靈帝終於下定決心要清除策試中的弊端。〔註81〕此外，「熹平石經」對於經歷過兩次

〔註77〕 何輝，〈考証《熹平石經》〉，《學術界》，2005：5，頁295。「六經」本爲《詩》、《書》、《禮》、《樂》、《易》、《春秋》，後來因爲《樂》失傳而只有「五經」，《熹平石經》之中將《論語》納入其中，於是也合稱爲「六經」。

〔註78〕 《後漢紀》，〈孝靈皇帝紀中卷第二十四〉，頁 463。

〔註79〕 《後漢書》，卷 60 下，〈蔡邕列傳第五十下〉，頁 1990。

〔註80〕 《後漢書》，卷 79 上，〈儒林列傳第六十九上〉，頁 2547。

〔註81〕 徐難于，《漢靈帝與漢末社會》，頁 90。

黨禍的清流派人士以及太學生而言，實產生了不小的鼓舞與凝聚之效果，石經也終於在光和六年（183 年）刻成，「於是後儒晚學，咸取正焉。及碑始立，其觀視及摹寫者，車乘日千餘兩，填塞街陌。」〔註 82〕眞才實學以求仕進的太學儒生們歡欣鼓舞，期待政治清明，對政府開始充滿希望，靈帝雖以生活荒誕著稱，但他仍受儒家觀念的薰陶，此舉對儒家經典的傳布與校勘，有一定的意義。〔註 83〕

相對於濁流派的宦官集團，眼見黨人具有再度活絡之跡象，對他們而言，已嚴重地造成了一種可厭的刺激，因此也想要另外立一個太學來分庭抗禮，〔註 84〕這也就是以下所要探討的主題「鴻都門學」。

最後值得探討的是《熹平石經》的鐫刻，有上述複雜的時代背景與政治考量，但卻極富正面的歷史意義，根據何輝先生的〈考証《熹平石經》〉中提出三項見解：

1. 《熹平石經》的鐫刻是中國教育史上的一大創舉，類似於由政府統一審定教科書的做法，在世界上極為罕見。

2. 《熹平石經》的鐫刻在中國印刷史上占有重要地位，當時士人除了抄寫之外，或用搥拓的方法揭取印本，正是這種從石板上搥拓文字的辦法開了我國印刷術先河，今天我們談印刷術必溯源於石經，可以把石經拓本當做是最早的印刷品亦不為過。

3. 《熹平石經》的鐫刻在書法史上也具有重要的意義，石經上的經文，係蔡邕等人用當時通用的隸書手寫而成，文字遒勁美麗，歷代研究書法者均視石經拓本為藝林罕見之寶，直到今天人們還在臨摹石經的文字結構和篆法技巧。〔註 85〕

（三）創設鴻都門學

熹平四年（175 年）鐫刻石經，固然帶給太學生等清流派士人的喜悅與希望，但卻也沒想到隔一年，也就是熹平五年（176 年），永昌太守曹鸞所呈上的奏章，冒犯了皇權的禁忌，使得靈帝對黨人採取更進一步的迫害。不僅如

〔註 82〕《後漢書》，卷 60 下，〈蔡邕列傳第五十下〉，頁 1990。
〔註 83〕王永平，〈漢靈帝之置"鴻都門學"及其原因考論〉，《揚州大學學報》人文社會科學版，1999：5，頁 11。
〔註 84〕楊九詮，〈東漢熹平石經平議〉，《文史哲》，2001：1，頁 69。
〔註 85〕何輝，〈考証《熹平石經》〉，《學術界》，2005：5，頁 295。

此，靈帝對於太學生等清流士人，以及宦官集團的勢力以外，正醞釀第三種的政治勢力〔註86〕，也就是設置「鴻都門學」。

　　靈帝本身喜歡文學、作賦，曾寫過文賦五十章，且從太學生中挑選一些善寫這種文體的人來，聚在鴻都門下，為靈帝寫作，之後又擴及書寫古篆書札等專門技藝之人：

> 初，帝好學，自造皇羲篇五十章，因引諸生能為文賦者。本頗以經學相招，後諸為尺牘及工書鳥篆者，皆加引召，遂至數十人。侍中祭酒樂松、賈護，多引無行趣執之徒，並待制鴻都門下，憙陳方俗閭里小事，帝甚悅之，待以不次之位。〔註87〕

可見靈帝起初尚重視經學修養，後來卻廣招各種各種文藝人才，並且待制鴻都門下，委以重要官職。這些舉動很快就招來非議。熹平六年（177年）七月，當時東觀名士代表議郎蔡邕，上書靈帝：

> 孝武之世，郡舉孝廉，又有賢良、文學之選，於是名臣輩出，文武並興。漢之得人，數路而已。夫書畫辭賦，才之小者，匡國理政，未有其能。陛下即位之初，先涉經術，聽政餘日，觀省篇章，聊以游意，當代博弈，非以教化取士之本。而諸生競利，作者鼎沸。其高者頗引經訓風喻之言；下則連偶俗語，有類俳優；或竊成文，虛冒名氏。……若能小能小善，雖有可觀，孔子以為「致遠則泥」，君子故當志其大者。〔註88〕

蔡邕認為選官為國家之大事，自武帝以來，選才向來以經術為主，而非以才藝取士，畢竟書畫辭賦和博弈一樣純屬低級才華，不能匡國理政，更無法作為教化取士之根本，強調文學不足以承擔教化以及治國的重任，而主張以通經釋義為治國之道，但也不排斥在理政之餘，以辭賦篇章為娛樂消遣。〔註89〕

　　蔡邕言之鑿鑿，但卻也沒想到，為期不到一年的時間，也就是光和元年（178年）二月，在鴻都門內，靈帝正式設置了"鴻都門學"，「光和元年，遂至鴻都門學，畫孔子及七十二弟子像。其諸生皆勒州郡三公舉用辟召，或

〔註86〕 孫明君，〈第三種勢力──政治視角中的鴻都門學〉，《學習與探索》，2002：5，頁124。

〔註87〕 《後漢書》，卷60下，〈蔡邕列傳第五十下〉，頁1992。

〔註88〕 《後漢書》，卷60下，〈蔡邕列傳第五十下〉，頁1996。

〔註89〕 藍旭，〈鴻都門學之爭與漢末文人群體的文學觀念〉，《山東師範大學學報》（人文社會科學版），2002：3，頁36。

出爲刺史、太守，入爲尚書、侍中，乃有封侯賜爵者，士君子皆恥與爲列焉。」〔註90〕鴻都門學的學生員中，優秀者可封侯拜爵；就是不及格者，也給一小官做。

「士君子皆恥與爲列焉」，道盡了當時士人的共同觀感，尤其是鄙視這些來自下層社會之人，以其微不足道的雕蟲小技，竟然可以取代自西漢武帝以來，以經術爲本的選才取士制度。當然，鴻都門學生員也自覺飽受輕視與不屑，甚至成爲士人眾矢之的，這些取才的內容雖號稱詩文書畫，但大都只是教授些民謠、流行曲及工藝技巧之類而已，深受貴族與士大夫階級的蔑視，這種文化可稱爲"宦官文化"。〔註91〕

在當時統治集團內部的矛盾環境中，靈帝與鴻都門學學生是站在一邊的，〔註92〕或者說鴻都門學等人是靈帝用來對付士大夫的工具，〔註93〕而向來與士大夫官僚形同水火的宦官集團，在政治立場鮮明的情況下，自然而然的結合成同一陣線。

王夫之在《讀通鑑論》卷八中，對於靈帝設鴻都門學，有其見解與評論：

> 靈帝好文學之士，能爲文賦者，待制鴻都門下，樂松等以顯，而蔡邕露章謂其「游意篇章，聊代博弈」。甚賤之也。自隋煬帝以迄於宋，千年而以此取士，貴重崇高，若天下之賢者，無踰於文賦之一途。……夫蔡邕者，亦嘗從事矣，而斥之爲優俳，將無過乎！……而以之取士於始進，導幼學以浮華，內遺德行，外略經術，則以導天下之淫而有餘。故邕可自爲也，而不樂松等之輒爲之，且以戒靈帝之以拔人才於不次也。〔註94〕

王夫之對於士人具備文學涵養，基本上是持肯定態度，但僅憑辭賦取士任官、匡理國政，則有待商榷。"鴻都門學"在當時對正常的選舉制度是破壞且具有缺陷的〔註95〕，也使得政局更加地混亂，更加速了士大夫官僚對政府的失望與離心。

〔註90〕《後漢書》，卷60下，〈蔡邕列傳第五十下〉，頁1998。
〔註91〕施克寬編譯，《中國宦官秘史》，台北：常春藤書坊，1985，頁116。
〔註92〕趙國華，〈漢鴻都門學考辨〉，《華中師範大學學報》（人文社會科學版），2000：5，頁56。
〔註93〕王永平，〈漢靈帝之置"鴻都門學"及其原因考論〉，頁14。
〔註94〕王夫之，《讀通鑑論》上冊，卷8，台北：里仁書局，1985，頁254。
〔註95〕趙國華，〈漢鴻都門學考辨〉，《華中師範大學學報》（人文社會科學版），2000：5，頁57。

　　"鴻都門學"的創立，有其特殊的時代背景與政治環境，靈帝憑著自己對文藝的濃厚興趣，進而起用文藝人才來打破儒學經生對仕途的壟斷，從不同角度來看這些出身下層人士，因獨擅技藝而得到靈帝歡心，便可敲開官場大門，士族壟斷入仕特權狀況爲之改觀。靈帝的這一重大改革不僅大大提高了"書法"的社會地位，同時也宣告文化人被視爲倡優的傳統觀念已經開始轉變。〔註96〕

　　靈帝的這番作爲，在當時雖然招來諸多非難與惡果，但設立"鴻都門學"的創舉，不可否認的，卻成爲中國第一個文藝類、並可培訓官員的國立學校，對後世產生以下的影響：〔註97〕

　　1. 促進了文學藝術的發展，使文學藝術知識得以廣範傳播。

　　2. 開中國專科教育，尤其是唐代書學、宋代畫學之先河。

　　3. 以詩文繪畫取士，拓展了選用人才的途徑。

　　特別在"書法"的發展具有相當大的促進作用，工書人才輩出，

　　書寫風氣日盛，是爲書法史上的新里程碑。靈帝設立鴻都門學，不但創辦了一所學習藝術及實用技藝，即培養文學藝術專門人才的新型大學，實爲一大創舉，因爲"鴻都門學"是世界教育史上同類大學之中最早設立的。

第三節　賣官鬻爵

　　在第一節的論述中，我們瞭解到靈帝劉宏的出身雖爲亭侯之家，但劉姓分枝眾多，也大多式微，劉宏便是屬於較貧窮的。從貧窮一躍而至九五之尊，卻使靈帝開始變得貪婪且欲求不滿。《後漢書》卷78〈張讓趙忠列傳〉曰：

　　　　上本侯家，居貧即位，常曰桓帝不能作家，曾無私錢，故爲私藏。

〔註98〕

所以靈帝曾在幼年經歷了一段貧窮的生活，所以怕窮之餘，就對金錢有一種特別的嗜好〔註99〕，加上靈帝生母董氏在建寧二年（169年）竇武被殺、竇太后被軟禁之後，董氏被靈帝從河間接到京城的永樂宮，是爲董太后或稱爲永

〔註96〕武原，〈東漢末季"書法熱"的政治詮釋〉，《延安大學學報》（人文社會科學版），1995：3，頁93。

〔註97〕康小花，〈"鴻都門學"考〉，《甘肅廣播電視大學學報》，2002：12，頁29。

〔註98〕《後漢紀》，〈孝靈皇帝紀下卷第二十五〉，頁487。

〔註99〕張玉法總校訂，龔留柱著，《中國歷史人物‧昏君評傳1‧秦──三國》，台北：萬象圖書公司，1993，頁143。

樂太后，董太后虛榮愛財的性格，也影響了靈帝貪婪的個性，除了想盡辦法搜刮金銀財寶之外，更進一步地唆使靈帝賣官：

> 及竇太后崩，（靈帝母董后）始與朝政，使帝賣官求貨，自納金錢，盈滿堂室。〔註100〕

當時更有民間童謠諷喻董太后的貪得無饜：

> 車班班，入河間，河間妖女工數錢，以錢爲室金爲堂，石上慊慊舂黃樑。〔註101〕

民間歌謠以直接將董太后譬喻成河間妖女，精於斂財、生活奢侈浮華且不知民間疾苦。她不僅讓靈帝派遣大批宦官去各地搜求無數金銀器物，並直接用車運回宮中，貪得無饜的習性促使她教靈帝公開標價賣官來搜括錢財。

光和元年（178年），靈帝開設西邸園子，公開賣官鬻爵：

> 光和元年十二月，是歲初開西邸賣官，自關內侯虎賁羽林入錢各有差，私令左右賣公卿，公千萬，卿五百萬。〔註102〕

將大小官位公開標明價格販賣，以及官階的升遷所須的價格，已經發展到公開化、制度化以及擴大化、持續化的地步。〔註103〕這樣的情況是絕無僅有的：

> 時賣官二千石二千萬，四百石四百萬，其以德次應選者半之，或三分之一，於西園立庫以貯之。〔註104〕

其中的“西園之庫“即爲靈帝私人的府庫，這也就是說，靈帝賣官鬻爵所得到的錢財，是存入自己的私人府庫，供個人享樂之用。

再者，賣官項目不僅止於中央，之後尙且擴及至地方，不但賣給富豪，連賣給貧窮者亦有變通方法，也就是聽其剝削百姓，爾後加倍償還買官債務：

> 靈帝時開鴻都門，榜賣官爵，公卿州郡下至黃綬各有差。其富者，則先入錢，貧者到官，而後倍輸。〔註105〕

貧窮者耗費鉅資買到官位，除了償還買官債務之外，勢必更加榨取民脂民膏、搜括魚肉百姓，政風之腐敗每下愈況，可想而知。這種買官方式，到最後只要被任命爲官，就必須“輸錢”，已經到了不買不可的地步：

〔註100〕《後漢書》，卷10下，〈皇后紀第十下〉，頁447。
〔註101〕《後漢書》，志13，〈五行一〉，頁3281。
〔註102〕《後漢書》，卷8，〈孝靈帝紀第八〉，頁243。
〔註103〕徐難于，《漢靈帝與漢末社會》，頁123。
〔註104〕同註102，注引〈山陽公載記〉，頁243。
〔註105〕《後漢書》，卷52，〈崔寔列傳〉，頁1731。

> 刺史二千石及茂才孝廉遷除，皆責助軍修宮錢，大郡至二三千萬，
> 餘各有差。當之官者，皆先至西園諧價，然後得去。

> 有錢不畢者或至自殺，其守清者乞不之官，皆迫遣之。〔註106〕

靈帝不但賣官，也積極地搜括天下珍寶、錢財，並且巧立名目，收取規費：

> 時帝多稽私臧，收天下之珍，每郡國貢獻，先輸中署，名爲「導行
> 費」。〔註107〕

如果靈帝將這些錢財，部分的使用在民生困頓的經濟危機上，政績與評價將
有所改觀，很可惜的是，靈帝卻是用來享樂與終飽私囊，例如在光和三年（180
年），靈帝在洛陽城南圈占大片良田，準備大興土木另建苑囿，即畢圭苑、靈
琨苑，司徒楊賜勸誡他說：

> 帝欲造畢圭靈琨苑，賜復上疏諫曰：「竊聞使者並出，規度城南人田，
> 欲以爲苑。……壞沃衍，廢田園，驅居人，畜禽獸，殆非所謂『若
> 保赤子』之義。今城外之苑已有五六，可以逞情意，順四節也，宜
> 惟夏禹卑宮，太宗露臺之意，以慰下民之勞。」〔註108〕

楊賜不但是靈帝的老師，更是朝廷備受尊敬的重臣，代表著朝中大臣的多數
意見，靈帝本想停建兩苑，然而從鴻都門學出身的中常侍樂松，頗能揣度上
意，將經典斷章取義曰：「昔文王之囿百里，人以爲小；齊宣五里，人以爲大。
今與百姓共之，無害於政也。」〔註109〕靈帝龍心大悅，決定排除眾議，興建
兩苑囿。靈帝爲群小所包圍，再再地助長其貪婪與奢華的習性。

　　此外，在後宮的享樂上也是所費不貲，特別是在民生困頓之際，與後宮
的奢靡，形成了強烈的對比，中常侍呂強曾勸諫靈帝曰：

> 臣又聞後宮綵女數千餘人，衣食之費，日數百金。比穀雖賤，而戶
> 有飢色。……宮女無用，填積後庭，天下雖復盡力耕桑，猶不能供。

> 〔註110〕

〔註106〕《後漢書》，卷78，〈宦者張讓趙忠列傳〉，頁2535。

〔註107〕《後漢書》，卷78，〈宦者呂強列傳〉，頁2532。

〔註108〕《後漢書》，卷54，〈楊賜列傳〉，頁1782。

〔註109〕《後漢書》，卷54，〈楊賜列傳〉，頁1783。樂松引《孟子》〈齊宣王篇〉的一
　　　　　段對話，宣王問曰：「文王之囿方七十里，人猶以爲小；寡人之囿方四十里，
　　　　　人猶以爲大。何也？」曰：「文王之囿方七十里，芻蕘者往焉，雉兔者往焉，
　　　　　與人同之，人以爲小，不亦宜乎？」樂松所言之百里、五里與原典有誤，爲
　　　　　的是揣度上意而有牽強附會之說。

〔註110〕《後漢書》，卷78，〈宦者呂強列傳〉，頁2529。

靈帝不但不爲所動，奢靡之餘且行爲愈來愈放蕩不拘，甚至荒誕至極，《後漢書》卷八〈孝靈帝紀第八〉在光和四年（181 年）有這樣的一段記載：

> 是歲帝作列肆於後宮，使諸采女販賣，更相盜竊爭鬭。帝著商估服，飲宴爲樂。又於西園弄狗，著進賢冠，帶綬。又駕四驢，帝躬自操轡，驅馳周旋，京師轉相放效。〔註111〕

《後漢書》志第十三〈五行一〉也提到：

> 靈帝數遊戲於西園中，令後宮采女爲客舍主人，身爲商賈服。行至舍，采女下酒食，因共飲食以爲戲樂。此服妖也。其後天下大亂。〔註112〕

靈帝將後宮的房間布置成了商店，陳列上不同的貨品，讓宮女們換上民間服裝，進行商業買賣而熱鬧非凡。靈帝本人也換上商人的服裝，穿梭其間，並在商店偷拿東西，拉扯鬥嘴引以爲樂；還有更離譜的是，靈帝本身愛玩狗，經常在西園裡將狗戴上朝臣所穿戴的進賢冠與綬帶，又將自己車駕的馬匹換成四隻大白驢，然後親自攬轡爲樂，在宮中馳騁周旋。靈帝身爲一國之君，這樣的作爲的確有損其尊嚴且已嚴重的失態了。

除了滿足個人的享樂揮霍之外，靈帝私庫裡的錢財仍不斷努力地儲存蓄積起來，錢財貢獻不納入「大司農」〔註113〕來統轄，反而是存放在自己把持的「中尚方」和「中御府」〔註114〕，中常侍呂強勸諫靈帝曰：

> 天下之財，莫不生之陰陽，歸之陛下，豈有公私？而今中尚方斂諸郡之寶，中御府積天下之繒，西園引司農之藏，中廄聚太僕之馬，而所輸之府，輒有導行之財。調廣民困，費少獻多，姦吏因其利，百姓受其敝。又阿媚之臣，好獻其私，容諂姑息，自此而進。〔註115〕

〔註111〕《後漢書》，卷8，〈孝靈帝紀第八〉，頁346。引注《續漢志》曰：「靈帝寵用便嬖子弟，轉相汲引，賣關內侯直五百萬。令長強者貪如豺狼，弱者略不類物，實狗而冠也。」昌邑王見狗冠方山冠，龔遂曰：「王之左右皆狗而冠。」又《續漢志》曰：「驢者乃服重致遠，上下山谷，野人之所用耳，何有帝王君子而駟駕之乎！天意若曰，國且大亂，賢愚倒植，凡執政者皆如驢也。」

〔註112〕《後漢書》，志13，〈五行一〉，頁3273。

〔註113〕曾繁康，《中國政治制度史》，台北：中國文化大學出版部，1988，頁97。引注《漢書》〈百官公卿表〉與《後漢書》〈百官志〉，以大司農乃是古代國家的財政機關，所以舉凡國家的財政收入與支出，諸如田賦、口算、貨幣、鹽鐵專賣、沽榷、平準、均輸、漕運以及軍國支出均皆屬於大司農的管轄範圍。

〔註114〕曾繁康，《中國政治制度史》，頁100。引注《漢書》〈百官公卿表〉，「中尚方」與「中御府」同隸屬於「少府」的屬官，而少府係掌天子私人事務的官司。

〔註115〕《後漢書》，卷78，〈宦者呂強列傳〉，頁2532。

議郎蔡邕利用蝗災異象，靈帝詔策之際，特引《易傳》中的道理來暗喻爲君者不可公私不分：

> 光和元年詔策問曰：「連年蝗蟲至冬蹐，其咎焉在？」蔡邕對曰：「臣聞《易傳》曰：『大作不時，天降災，厥咎蝗蟲來。』《河圖祕徵篇》曰：『帝貪則政暴而吏酷，酷則誅深必殺，主蝗蟲。』蝗蟲，貪苛之所致也。」是時百官遷徙，皆私上禮西園以爲府。〔註116〕

靈帝對於臣下針對自己將錢財公私不分的勸誡，仍然不爲所動，且變本加利地搜括與賣官。其實東漢賣官之舉，靈帝並非第一人，之前已有安帝、桓帝曾有賣官鬻爵之事。不過，兩方面最大的差別在於：

一、安桓二帝所賣者不過爵、散官、以及緹騎營士等位階較低之屬；靈帝卻賣官至公卿，是爲中央最高官階。

二、以賣官目的而論，安桓賣官是爲充實國用，靈帝卻聚爲私藏。〔註117〕將國家財政機構（大司農）與皇室財政全數劃歸己有。

尤其在東漢儒學重視士人氣節的風氣下，有抱負與理想的士人，實在很難接受用金錢而不靠德才得到官爵的事實，這不僅嚴重破壞了選官制度，擾亂了士人的正常仕進途徑，並使一批有眞才實學的人終生不得志，加深了階級的矛盾。〔註118〕因此有財力且積極買官者，無非是豪族商賈之輩，或者是與宦官集團關係極佳者，眞正有能力與德行者已微乎其微，加上統治階級運用權力聚斂財富、擅作威服，超級享樂，腐化到了無以復加的地步，〔註119〕靈帝賣官鬻爵所得之錢財，公開地納爲己用，如此滿足了個人的奢靡與私藏癖好，非但未能改善國家經濟的困窘，反倒是更加速了吏治的腐敗與人民的離心。

靈帝在位期間二十多年裡，旱災、蝗災等災異肆虐不斷（第四章），人禍也未曾停歇，從本章所論述的黨錮之禍與吏治腐敗的局勢，使知識分子飽受摧殘，士風也因此益加沉淪。此外，邊防也不得安寧，特別是羌與鮮卑的連年寇邊，造成百姓飽受侵擾而流離失所，國庫因戍邊而嚴重枯竭匱乏，邊防問題將是下一章論述的內容。

〔註116〕《後漢書》，志15，〈五行三〉，頁3319。蔡邕對曰：「蝗蟲出，息不急之作，省賦斂之費，進清仁，黜貪虐，分損承安，屈省別錢，以贍國用，則其救也。《易》曰『得臣無家』，言有天下者何私家之有！」
〔註117〕薩孟武，《中國社會政治史》（一），頁410。
〔註118〕陳茂同，《中國歷代選官制度》，上海：華東師範大學出版社，1994，頁699。
〔註119〕楊東晨，《東漢興亡史》，西安：陝西人民出版社，1998，頁453。

【表 2-1】東漢諸帝年壽略表

帝 號	年 壽	在位年	即位年	子 嗣
光武	62	33（25～57 年）	初起年 28，30 為帝。	10
明	48	18（58～75 年）	30	9
章	33	13（76～88 年）	19，按此差一年，或即位年 20，壽 32。	8
和	27	17（89～105 年）	10	2 長子勝有痼疾，次子殤帝。
殤	2	1（106 年）	誕育百餘日	0
安	32	19（107～125 年）	13	1 即順帝。
少		立七月（125 年）		
順	30	19（126～144 年）	11	1 即沖帝。
沖	3	1（145 年）	2	0
質	9	1（146 年）	8	0
桓	36	21（147～167 年）	15	0
靈	34	22（168～189 年）	12 按此差一年，非即位年 11，壽 23。	2 長子弘農王，次子獻帝。
獻	54	14（189～220 年）	9	

此表摘錄自錢穆，《國史大綱》上，台北：臺灣商務印書館，1990，頁 115。

【表 2-2】東漢外戚宦官更迭用事略表

帝	后	外 戚	宦 官
和帝	竇太后 帝為太后養子。	竇憲 竇太后兄。	和帝永和四年，與宦者鄭眾謀誅憲。
殤帝	鄧太后 帝母。	鄧隲 鄧太后兄。	安帝建光元年鄧太后薨，安帝乳母王室宦者李閏江京譖諸鄧自殺。
安帝	閻后 帝妻。	閻顯 閻后兄。	安帝崩，閻后與兄顯詔立章帝孫，是為少帝，不一年，宦者孫程等誅閻，立順帝。
順帝	梁后 帝妻 帝崩臨朝。	梁商，后父。 梁冀，后兄。	質帝為冀所弒，桓帝延熹二年，與宦者唐衡、單超、左悺、徐璜、具瑗誅梁氏。
桓帝	竇后 帝妻。	竇武 后父。	竇武為宦者曹節、王甫所殺。
靈帝	何后 帝妻。	何進 后兄。	何進為宦者張讓、段珪所殺。

此表參自錢穆，《國史大綱》上，台北：臺灣商務印書館，1990，頁 117。

【表2-3】東漢外戚宦官循環相爭表

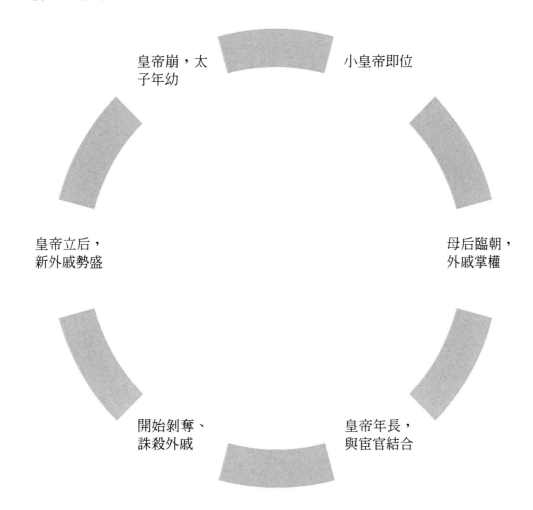

皇帝崩，太子年幼

小皇帝即位

皇帝立后，新外戚勢盛

母后臨朝，外戚掌權

開始剝奪、誅殺外戚

皇帝年長，與宦官結合

參自陳致平，《中國通史》第二冊，台北：黎明文化事業公司，1975，頁305。

第三章　軍事國防的緊張

　　秦漢以來中國的邊患，主要是以匈奴爲首敵，但在東漢之初，即因匈奴本身分化成南北二部造成勢力漸衰。東漢一朝採聯合南匈奴、攻擊北匈奴的策略，和帝永元元年（89 年）派竇憲大破北匈奴，造成北匈奴遷徙中亞，於是北方獲得長期的安定，並呈現出該區域的眞空狀態。於是，原本臣屬於匈奴的鮮卑、烏桓，在匈奴勢衰後，隨即轉據其地而漸漸強盛，特別是靈帝時期鮮卑寇邊不斷，成爲當時北方的主要外患（參見圖 3-1）。

　　南方的少數民族在漢朝厲行高壓策略的情況下，於是叛服無常，而叛亂的原因主要是抗拒地方長吏的剝削與欺凌，在靈帝朝衰亂之際，南蠻與西南夷便起事不斷。然而東漢威脅最甚的主要邊患來自西北方，是自從西漢以來即構成嚴重威脅的羌族。尤其是東漢時期的羌患最爲激烈，羌人的反抗叛亂前後共持續了五六十年，其中有三次最具規模，叛亂的主因卻是東漢統治者對羌人的殘酷鎮壓所造成，不但使西北地區殘破不堪，人口也大量銳減。靈帝時期，羌亂不僅是邊患，而且牽動了當時的政局，尤其是爲了平息羌亂損耗鉅額軍費，以及羌族參與黃巾民變……等，都是本章進行討論的主題。

第一節　東漢的邊疆策略

　　漢朝自武帝以來，在對外關係與邊疆政策上，是採取較爲積極、向外發展的態勢，於是戰爭空前增多。雖然使得漢朝聲威遠播一時，但也使得軍費的開支空前浩大，除了攻防戰備所須，以及軍糧軍餉以外，對於來降者還必需付給鉅額的賞賜費，〔註1〕軍費支出達到前所未有的高峰。武帝爲了支持戰爭的進行，除了壟斷自然資源的開發，大行鹽、鐵、酒官營專賣政策，又增加稅收、重賦於民，於是也付出了"國庫空竭、天下虛耗、民怨沸騰"的慘痛代價。

東漢在劉秀立國以後，國內在長期戰亂和自然災害的摧殘下，社會經濟極爲殘破，因此對內策略一切以恢復生產、發展經濟爲主；對外策略採消極的退守政策〔註2〕，以"守勢"爲主，力求保境安民。例如西域諸國在王莽時期，因王莽對其領袖"降王爲侯"，於是西域諸國與中國斷絕，而再度隸屬匈奴之下，但匈奴對其苛稅重斂，在光武帝時，諸國再度遣使尋求內屬，本是東漢光武再度經營西域的大好時機，然而在范曄在《後漢書》卷88上〈西域傳〉中卻有這樣的一段記載：

> 王莽篡位，貶易侯王，由是西域怨叛，與中國遂絕，並復役屬匈奴。
>
> 匈奴斂稅重刻，諸國不堪命，建武中，皆遣使求內屬，願請都護。
>
> 光武以天下初定，未遑外事，竟不許之。〔註3〕

對於請求設立都護，以示臣服的西域國家，光武帝反倒是這樣的回應：

> 鄯善王上書，願復遣子入侍，更請都護。都護不出，誠迫於匈奴。
>
> 天子報曰：「今使者大兵未能得出，如諸國不從心，東西南北自在也。」
>
> 〔註4〕

光武帝對外經營的消極態度，使西域諸國在失望之餘，也只好再度臣服於匈奴之下，這顯示了劉秀爲首的東漢政權，其保守性、分散性一開始就已顯現，加上對西域的情況了解甚少，對其重要性估計不足，做出了不接受來者的錯誤決定，東漢在處理西域關係方面，一開始就失策。〔註5〕

又對匈奴的態度也是如此，在建武二十五年（49年），北匈奴正值衰弱之際，朝臣建議發兵滅之〔註6〕，但光武帝卻未予採納：

> 而匈奴中連年旱蝗，赤地數千里，草木盡枯，人畜飢疫，死耗太半。
>
> 單于畏漢乘其敝，乃遣使詣漁陽求和親。〔註7〕

〔註1〕 趙蘭香，〈兩漢軍事經濟戰略思想初探〉，《伊犁教育學院學報》，2005：3，頁23。

〔註2〕 高榮，〈東漢西北邊疆政策述評〉，《學術研究》，1997：7，頁42。

〔註3〕 《後漢書》，卷88，〈西域傳七十八〉，頁2909。

〔註4〕 同上註，頁2924。

〔註5〕 木芹，《兩漢民族關係史》，成都：四川民族出版社，1988，頁169。

〔註6〕 李三謀，〈東漢王朝的邊疆經略〉，《中國邊疆史地研究》，1997：3，頁15。

〔註7〕 《後漢書》，卷89，〈南匈奴傳七十九〉，頁2942。

東漢王朝強大得足以採取攻勢〔註 8〕情況下，仍採行退讓妥協的姿態，《後漢書》卷 18〈臧宮傳〉裡，提到了光武帝的對外態度：

> 「捨近謀遠者，勞而無功；舍遠謀近者，逸而有終。……今國無善政，災變不息，百姓驚惶，人不自保，而復欲遠事邊外乎？……且北狄尚彊，而屯田警備傳聞之事，恆多失實。誠能舉天下之半以滅大寇，豈非至願；苟非其時，不如息人。」自是諸將莫敢復言兵事者。〔註 9〕

在保守的對外政策背後，若究其根本原因，是劉秀想要更進一步地中央集權，避免外重內輕的局面。在西漢末年，劉秀有鑒於新莽之亂，太守擁兵割據之局面，於是實施"精兵簡政"，對武裝力量進行調整和壓縮，而且對地方軍和邊防軍也進行了大量的裁減〔註 10〕，且是以強幹弱枝、預防反側，以鞏固政權為目的〔註 11〕，並且以強化中央軍，削弱地方軍為手段的一連串兵制改革〔註 12〕：

第一、中興建武六年（30 年），「是歲，初罷郡國都尉官」〔註 13〕削弱郡級武裝力量，邊郡也不例外。《後漢書》志第 28〈百官五〉記載：

> 中興建武六年，省諸郡都尉，並職太守，無都試之役。省關都尉，唯邊郡往往置都尉及屬國都尉。〔註 14〕

都尉變成了非常設性的職位，邊地都尉皆時置時廢，地方上也只有在盜匪較多時才設置臨時性質的都尉，且在平息之後又廢掉。由於罷除邊郡都尉等亭侯吏卒，使得邊郡兵力大量削減，本身抵禦外寇能力降低，且每遇有重大戰事卻只能依靠中央軍出擊，其機動性明顯不足。

第二、廢除了西漢的正卒制度〔註 15〕，罷除了西漢以來訂定期舉行的軍

〔註 8〕 韓復智主譯，《劍橋中國史‧秦漢篇》，台北：南天出版社，1996，頁 281。

〔註 9〕 《後漢書》，卷 18，〈臧宮傳〉，頁 696。

〔註 10〕 陳曉鳴，〈籌邊失當與東漢衰亡〉，《江西師範大學學報》（哲學社會科學版），2002：11，頁 39。

〔註 11〕 韓復智，〈東漢由統一走向分裂的本源〉，收於《中國歷史上的分與合論述研討會論文集》，台北：聯經出版社，1995，頁 75。

〔註 12〕 曾九江，〈論東漢"以夷制夷"的邊防政策〉，《江西廣播電視大學學報》，2005：3，頁 21。

〔註 13〕 《後漢書》，卷 1 下，〈光武帝紀第一下〉，頁 51。

〔註 14〕 《後漢書》，志 28，〈百官五〉，頁 3621。注引應劭《漢官》曰：「每有劇賊，郡臨時置都尉，事訖罷之。」

〔註 15〕 赫治清、王曉衛著，《中國兵制史》，台北：文津出版社，1997，頁 52。根據

事訓練與校閱制度。在《後漢書》卷1下〈光武帝紀第一下〉中提到：

> 今國有眾軍，且多精勇，宜且罷輕車、騎士、材官、樓船士及軍假
> 吏，令還復民伍。〔註16〕

東漢罷除了分佈在各郡國的輕車、騎士、材官、船樓士等軍職，這些本來是做
為戰略儲備力量的兵力。再者，又廢除了更戍制度，使郡國無常備之兵，關隘
無重兵駐守，造成了戰略後備力量薄弱，以及兵源不繼的問題。此外，建武六
年（30 年）公布的「無都試之役」，將原有的「都試」〔註17〕廢除，意即省去
了每年大規模的軍事演習，廢止了對於軍隊作戰能力的一種考核和檢驗，如此
不教民戰的後果，使人們忘戰日久，缺乏軍事訓練而戰鬥力不強。〔註18〕

第三、罷邊郡亭侯吏卒，取消了西漢的戍卒制度，也廢除了更役戍役制度。
西漢的兵制是全國徵兵制，凡屬及齡的壯丁都要服兩種兵役，即屯戍〔註19〕和
正卒，建武七年（31 年）光武下詔〔註20〕，已明確下令停止徵兵制，西漢以來
的徵兵制以逐漸被募兵制所代替，當時的兵源主要來自招募。隨著招募範圍的
擴大，人數不斷增多，招募到的士卒成分日漸複雜，且素質顯著下降。〔註21〕
另外，對於亭障、烽燧等邊防工程的建設也不夠重視，而且與邊防建設密切相
連的屯田，也時置時廢，以致於邊防建設工程不力，武裝力量更形單薄。〔註22〕

綜觀光武帝開國制度的規模與基調，特別是對外關係的基本國策，一直
是抱持著消極退守的態度，這種以"柔道"自持的精神，自然而然地直接影
響到整個王朝對外發展的態度。光武帝雖然是一個好皇帝，可惜他沒有立下

《漢儀注》：「一歲為衛士、一歲為材官、騎士。」可解釋為西漢服役期限為
兩年，第一年在本郡縣當正卒，第二年番上京師當衛士或到邊防當戍卒。

〔註16〕《後漢書》，卷1下，〈光武帝紀第一下〉，頁51。

〔註17〕同註15，頁61。「都試」是西漢郡國正卒每年秋季例行的檢閱式，「都試之役」
即指正卒一年的兵役負擔，取消「都試之役」意謂著取消正卒，京師衛士和
邊防戍卒不再靠郡國兵番上，徵兵制基本上也就停止了。

〔註18〕陳曉鳴，〈籌邊失當與東漢衰亡〉，《江西師範大學學報》（哲學社會科學版），
2002：11，頁39。

〔註19〕同註15，頁56。「屯戍」意即邊防兵，是指沿邊郡兵和在西域都護府的屯兵
及屬國兵，其兵役負擔比內地正卒沉重，除兼有戍守與屯田的雙重任務外，
實際服役時間也較長。

〔註20〕同註16。

〔註21〕赫治清、王曉衛著，《中國兵制史》，頁61。

〔註22〕黃今言，〈說東漢在軍制問題上的歷史教訓〉，《南都學壇》（哲學社會科學版），
1996：2，頁2。

些好制度，尤其是變革地方軍制〔註23〕，目的只是在鞏固自己與其子孫的權位，但換來的卻是東漢長期的邊患不斷，不僅百姓遭殃，生產受到嚴重破壞，而且加重了國家的財政負擔〔註24〕，造成府庫虛耗以及國家元氣大傷。

自秦漢以來，以農業社會為主的中國，向來受到來自北亞游牧民族的威脅與侵擾，因為"掠奪"對於游牧民族而言，是一種重要的生產方式，因朝貢貿易的利潤大多為可汗及少數貴族所壟斷，而掠奪而來的戰利品，則由大家所分享，〔註25〕因此中國的王朝就必須面對游牧民族寇邊的問題，邊疆游牧民族侵略農業民族有利的主要因素，在於他們作戰技術的優越，特別是倚賴馬匹來增加作戰時的機動性，使他們能夠出沒無常，專門挑選防禦比較薄弱的地方施以突擊。〔註26〕但是農業民族也有頗具優勢的地方來抵制游牧民族，特別是游牧民族在經濟生活方面，需要與中原的農業民族進行互市交易，以換取他們所需要的民生物資，例如：茶葉以及貴族所喜歡的絲織品、奢侈品等，於是中原王朝對於周邊民族，亦可將互市交易當作是一種交換條件或者是武器，對於貿易地點、時限都有明確的規定，這種規定多設在邊關，以邊境關門為範圍，所以多稱"關市"，也稱"合市"、"和市"、"胡市"。這種合市貿易，在北方民族以匈奴為主，烏桓、鮮卑次之。〔註27〕

各游牧民族之間具有相當密切的關聯性，勢力範圍也會有彼此消長的態勢。

大抵來說，秦漢以來北方的主要外患是匈奴，但匈奴本身在西元一世紀中葉，即建武二十二年（46 年），匈奴遭逢連年的空前的大旱與蝗災（見 33頁、註7），且在西元 48 年分裂成南匈奴、北匈奴兩部：

〔註23〕 韓復智，〈東漢由統一走向分裂的本源〉，頁 272。

〔註24〕 黃今言，〈說東漢在軍制問題上的歷史教訓〉，《南都學壇》（哲學社會科學版），1996：2，頁 4。

〔註25〕 蕭啟慶，〈北亞游牧民族南侵的各種原因的檢討〉，收錄於《中國通史論文選》，台北：華世出版社，1979，頁 163。認為主張「掠奪」為游牧民族的重要生產方式的多為日本學者，如青木富太郎、護雅夫、江上波夫等人。所持的理由是：「由於草原社會的生產力不穩定，工藝技術落後，難於累積財富，所以聚眾掠奪是游牧民族社會的一種自然的無償輸入行為；藉以解脫困厄，或增益生活內涵。」

〔註26〕 陶晉生，〈邊疆民族在中國歷史上的重要性〉，收錄於《中國通史論集》，台北：華世出版社，1987，頁 153。

〔註27〕 林甘泉主編，《中國經濟通史》，秦漢經濟卷，北京：經濟日報出版社，1999，頁 548。

二十四年春，八部大人共議立比爲呼韓邪單于，以其大人父嘗依漢

得安，故欲襲其號。於是欵五原塞，願永爲蕃蔽，扞禦北虜。帝用

五官中郎將耿國議，乃許之。其冬，比自立爲呼韓邪單于。〔註28〕

農業民族在應付遊牧民族的侵略時，有時候也可以把握有利的機會，分化外族，或乘外族衰弱的時候，加以大舉功擊。〔註29〕面對威脅力量的分裂與衝突，這原本是東漢進擊的大好機會，但如前所述，光武帝以國家初定，極欲秉持柔道治國而不願多事開邊，因此，一直到章帝時期，對匈奴的關係才開始產生了巨大的變化。章帝建初七年（82年），「南部苦蝗，大飢」〔註30〕，南匈奴因蝗蟲災難而大飢荒；元和二年（85年），北匈奴已顯現衰敗困頓之跡象：

北匈奴大人車利、涿兵等來亡入塞，凡七十三輩。時北虜衰耗，黨

眾離畔，南部攻其前，丁零寇其後，鮮卑擊其左，西域侵其右，不

復自立，乃遠引而去。〔註31〕

之後在章和元年（87年），北匈奴受到鮮卑的攻擊，「鮮卑入左地擊北匈奴，大破之，斬優留單于，取其匈奴皮而還。北庭大亂……」〔註32〕，最後則率眾二十萬人，精兵八千人，到邊郡投降。

最關鍵的是在和帝永元元年（89年），遣耿秉、竇憲對北匈奴的主動出擊，並且大獲全勝：

永元元年，以秉爲征西將軍，與車騎將軍竇憲率騎八千，與度遼兵

及南單于眾三萬騎，出朔方擊北虜，大破之。北單于奔走，首虜二

十餘萬人。〔註33〕

南匈奴因隨從征伐有功，並獲得北匈奴之降部，因而實力大增。又東漢不於大勝後，漠北無王庭時，遷還南匈奴於故地，實爲可惜，特別是鮮卑和烏桓的強盛，就是由於匈奴的衰落、北單于的遠颺，〔註34〕原因就在於北單于逃

〔註28〕《後漢書》，卷89，〈南匈奴列傳第七十九〉，頁2943。《東觀漢紀》曰：「十二月癸丑，匈奴始分爲南北單于。」

〔註29〕陶晉生，〈邊疆民族在中國歷史上的重要性〉，收錄於《中國通史論集》，台北：華世出版社，1987，頁154。

〔註30〕《後漢書》，卷89，〈南匈奴列傳第七十九〉，頁2950。

〔註31〕《後漢書》，卷89，〈南匈奴列傳第七十九〉，頁2950。

〔註32〕《後漢書》，卷89，〈南匈奴列傳第七十九〉，頁2950。

〔註33〕同上註，頁2953。

〔註34〕金發根，〈東漢至西晉初期中國境內游牧民族的活動〉，《食貨月刊》復刊第13卷，1984，頁10。

走後，南匈奴卻不願北還故地，若以當時東漢朝廷對於該地區呈現真空狀態
的情勢來看，致使鮮卑轉據其地，或許也具有取代北匈奴，而繼續與南匈奴
互相牽制之意〔註35〕。《後漢書》卷90〈鮮卑列傳第八十〉中提到：

> 和帝永元中，大將軍竇憲遣又右校尉耿夔擊破匈奴，北單于逃走，
> 鮮卑因此轉徙據其地。匈奴餘種留者尚有十餘萬落，皆自號鮮卑，
> 鮮卑由此漸盛。〔註36〕

鮮卑轉徙佔據了原來北匈奴之地，匈奴餘種留下來的尚有十餘萬落，也都自號
鮮卑，鮮卑從此就漸漸強盛起來，且成為東漢安帝一直到東漢末年以來，寇邊
次數僅次於西羌的嚴重外患，〔註37〕這可能是當時東漢朝廷所始料未及的。匈
奴勢力衰弱以後，烏桓、鮮卑以及羌人的勢力逐漸強大，於是與漢朝建立經常、
固定的"合市"。漢朝與匈奴、鮮卑之間的經濟交流，始終與政治因素糾結在
一起。政治的順逆關係往往通過關市、貿易的盛衰表現出來，而經濟交流欲求
滿足程度的大小，又常常導致政治關係的親疏叛離，乃至兵戎相見。〔註38〕

　　這時的東漢政權出於維護自身統治的功利主義思想，於是利用匈奴的天
災人禍，以及南北兩部紛爭，而匈奴又與烏桓、鮮卑素有積怨，東漢於是採
行拉攏南匈奴，利誘烏桓、鮮卑等族共同攻伐北匈奴，迫使其西遷，使匈奴
未再統一，力量因此削弱，這也可視為是東漢"以夷制夷"為主導的對外策
略，維護了東漢政權一定時間的統治地位。〔註39〕

　　在瞭解到東漢開國以來對外的基調後，不難理解到東漢除了在章帝、和
帝時期，對外關係有較為積極的表現與進展外，從和帝、安帝以後則又進入
了一個衰微的時期，使得政府無力控制外部的蠻夷，於是守塞的羌胡相率為
寇，由邊緣各郡漸漸的侵入內部。〔註40〕一直到東漢末年，由於桓、靈之際

〔註35〕曾九江，〈論東漢"以夷制夷"的邊防政策〉，《江西廣播電視大學學報》，
　　　　2005：3，頁23。

〔註36〕《後漢書》，卷90，〈鮮卑列傳第八十〉，頁2986。

〔註37〕黃今言，〈說東漢在軍制問題上的歷史教訓〉，《南都學壇》（哲學社會科學版），
　　　　1996：2，頁4。東漢從安帝到東漢末年的外患寇邊之次數統計：羌人犯邊39
　　　　次以上；鮮卑也達到30餘次；匈奴大規模犯邊也有24次以上。

〔註38〕林甘泉主編，《中國經濟通史》，頁554。

〔註39〕蕭瑞玲，〈東漢對匈奴政策評析〉，《內蒙古師大學報》（哲學社會科學版），
　　　　2002：12，頁75。

〔註40〕金發根，〈東漢至西晉初期中國境內游牧民族的活動〉，《食貨月刊》復刊第13
　　　　卷，1984，頁10。

的政治黑暗腐敗，邊境也更加不得安寧。特別是西方的羌胡，北方的鮮卑、烏桓，以及西南方時而臣服時而背叛的江夏蠻、板楯蠻……等（參見圖 3-1），都足以讓靈帝時的朝廷窮於應付且岌岌可危，以下將分節介紹這些困擾著靈帝一朝的主要邊患，並探討其對當時政局所產生的影響。

第二節　北方的鮮卑與烏桓

一、鮮卑

在上一節的內容中我們了解到，在東漢初期之前的鮮卑〔註 41〕（參見圖 3-1）是臣服於匈奴的，"漢初，亦為冒頓所破，遠竄遼東塞外，與烏桓相接，未常通中國焉。"〔註 42〕一直到匈奴分裂成東西二部，使得匈奴內部產生了衝突與折損，加上和帝遣竇憲伐北匈奴，造成北匈奴西遷遁逃，鮮卑隨及填補、取代了原來的空缺，成為北方一個強大的民族。

鮮卑的壯大對於東漢政權而言，形成了尾大不掉的局面，特別是從安帝到順帝期間，他們幾乎每年都與漢朝官軍在邊郡作戰，〔註 43〕但他們也時而臣服於東漢朝廷，其中原因不乏鮮卑本身內部的矛盾衝突，例如安帝永初元年（107 年）以及永寧元年（120 年），都因為鮮卑貴族內部分裂，於是其酋長前來奉貢和帝：

> 「安帝永初中，鮮卑大人燕荔陽詣闕朝賀，鄧太后賜燕荔陽王印綬，赤馬參駕，令止屋烏桓校尉所居甯城下，通胡市，因築南北兩部質館。」〔註 44〕

> 「永寧元年，遼西鮮卑大人烏倫，其至鞬率眾詣鄧遵降，奉貢獻。
> 詔封烏倫為率眾王，其至鞬為率眾侯，賜彩繒各有差。」〔註 45〕

鮮卑自安帝到順帝期間叛服無常，在其內外關係的矛盾和鬥爭中，尚未對東

〔註 41〕《後漢書》，卷 90，〈鮮卑列傳第八十〉，頁 2985。開頭提到：「鮮卑者，亦東胡之支也，別依鮮卑山，故因號焉。」；陳壽，《三國志》，卷 30，《魏書》〈烏丸鮮卑東夷傳〉，北京：中華書局，2002，頁 832，以下均採同樣版本。其中也提到：「烏丸、鮮卑即古所謂東胡也。」

〔註 42〕同上註。

〔註 43〕李三謀，〈東漢王朝的邊疆經略〉，《中國邊疆史地研究》，1997：3 頁 25。

〔註 44〕同註 41，頁 2986。

〔註 45〕同註 41，頁 2987。

漢政權形成強大的威脅，不過，到了桓帝時則出現和形成了一個強大的政治軍事首領，〔註46〕名為檀石槐，他的威望使得東西各處的大人都歸服了他，至此，鮮卑的統一團結大致實現了。〔註47〕

　　《後漢書》卷90〈鮮卑列傳第八十〉中提到了檀石槐振興統一了鮮卑各部，以及勢力範圍：

> 桓帝時，鮮卑檀石槐者……，乃施法禁，平曲直，無敢犯者，遂推
> 以為大人。檀石槐乃立庭於彈汗山歠仇水上，去高柳北三百餘里，
> 兵馬甚盛，東西部大人皆歸焉。因南抄邊緣，北拒丁零，東卻夫餘，
> 西擊烏孫，盡據匈奴故地，東西萬四千餘里，南北七千餘里，網羅
> 山川水澤鹽池。〔註48〕

由此可得知檀石槐本身頗具領袖特質，並且得到各部大人的信服，凝聚了鮮卑族的勢力，同時也展現在疆域上的遼闊，以及佔盡了天然資源的有利條件。當然，這也影響到了拓跋鮮卑日後的南遷，除改善生存環境外，更主要的原因當是受檀石槐部落聯盟的最高決策支配。〔註49〕

　　這樣的氣勢，當然給予東漢政權很大的威脅，從桓帝永壽二年（156年）檀石槐就不斷地率眾連續侵寇雲中和遼東屬國等地，延熹元年（158年）桓帝遣匈奴中郎將張奐出擊，曾斬首鮮卑兩百人，隨後在二年、六年都曾寇邊，尤其是延熹九年（166年）夏天，聲勢更加浩大：

> 九年夏，遂分騎數萬人入緣邊九郡，並殺掠吏人於是復遣張奐擊之，
> 鮮卑乃出塞去。〔註50〕

鮮卑號召南匈奴與烏桓共同寇掠邊境九郡，張奐歷經了苦戰才將鮮卑逐出塞外，但桓帝朝廷已深切地領教到檀石槐領導下的鮮卑騎兵銳不可當，於是改變策略，想要以柔性的和親以及綏封為王的方式來籠絡檀石槐，但卻也沒想到卻碰了一個大釘子：

〔註46〕田繼周，《秦漢民族史》，成都：四川民族出版社，1996，頁255。

〔註47〕江上波夫著，張承志譯，《騎馬民族國家》，北京：光明日報出版社，1988頁67。「大人」：即鮮卑各部酋長雖然企圖世襲，可是有著"習性勇健，善斷爭訟者，推為大人"傳統的制度，仍在烏桓鮮卑實行。

〔註48〕《後漢書》，卷90，〈鮮卑列傳第八十〉，頁2989。又見《三國志》，卷30，〈鮮卑傳〉，引注《魏書》曰，時"其大人曰置鞬、落羅、日律、推演、宴荔等皆為大帥，而制屬檀石槐"。

〔註49〕張金龍，《北魏政治史研究》，蘭州：甘肅教育出版社，1996，頁5。

〔註50〕《後漢書》，卷90，〈鮮卑列傳第八十〉，頁2986。

朝廷積患之，而不能制，遂遣使持印綬封檀石槐爲王，欲與和親。檀石槐不肯受，而寇抄茲甚。乃自分其地爲三部，從右北平以東至遼東，接夫餘、歲貊二十餘邑爲東部，從右北平以西至上谷十餘邑爲中部，從上容以西至敦煌、烏孫二十餘邑爲西部，各置大人主領之，皆屬檀石槐。〔註51〕

檀石槐不但拒絕了東漢的和親，又將鮮卑的勢力分成三大部，即東部、中央與西部，由各大人分屬其職，但直接聽命於檀石槐，形成一股強而有力的中央指揮系統。三部分屬的範圍幾乎吃掉了全部的匈奴故地，檀石槐將其國劃分爲東、西、中央三個區域來治理，這種統治方法，無疑也是踏襲匈奴的故制。〔註52〕

靈帝繼位，鮮卑連年寇邊，使邊郡不堪其擾：

靈帝立，幽、并、涼三州緣邊諸郡無歲不被鮮卑寇抄，殺略不可勝數。〔註53〕

從靈帝繼位以來，北方邊緣諸郡幾乎每年都遭受鮮卑寇掠，建寧元年（168年）十二月，鮮卑及歲貊寇幽并二州；二年（169年）十一月，鮮卑寇并州；四年（171年）冬鮮卑寇并州；熹平元年（172年）十二月，鮮卑寇并州；二年（173年）鮮卑寇并幽二州；三年（174年）十二月，鮮卑入北地（屬涼州）。〔註54〕

熹平三年（174年）的入寇北地，靈帝終於有所行動：

熹平三年冬，鮮卑入北地，太守夏育率休著屠各追擊破之。遷育爲護烏桓校尉。五年，鮮卑寇幽州。六年夏，鮮卑寇三邊。〔註55〕

面對游牧民族以“掠奪”爲其重要的生產方式，這樣局部性、短暫性的勝利，對鮮卑檀石槐而言，根本無法構成任何威脅。因此，在夏育破鮮卑的同年（熹平三年、174年）“鮮卑又寇并州”，〔註56〕四年（175年）寇幽州；五年（176年）復寇幽州；六年（177年）“鮮卑寇三邊”，〔註57〕鮮卑爲患，又漸趨嚴重。

〔註51〕《後漢書》，卷90，〈鮮卑列傳第八十〉，頁2989。

〔註52〕江上波夫著，張承志譯，《騎馬民族國家》，頁67。

〔註53〕同註51。

〔註54〕田繼周，《秦漢民族史》，頁256。亦參見：司馬光，《資治通鑑》，卷56、57，〈漢紀四十八、四十九〉靈帝建寧元年～熹平三年，頁1813～1833。

〔註55〕《後漢書》，卷90，〈鮮卑列傳第八十〉，頁2989。

〔註56〕司馬光，《資治通鑑》，卷57，〈漢紀四十九〉靈帝熹平三年，頁1833。

〔註57〕同上註，頁1839。「三邊」：意謂鮮卑強盛，東、西、北三邊皆被入寇。

於是，在同年（177 年）秋七月，護烏桓校尉夏育上言：

> 「鮮卑寇邊，自春以來，三十餘發，請徵幽州諸郡兵出塞擊之，一
> 冬二春，必能禽滅。」朝廷未許。〔註58〕

夏育雖自行請命出擊鮮卑，但靈帝度量當時遭逢旱災、蝗災，如果又耗損民
力、勞師遠伐，恐怕勝算不高，因而拒絕了夏育的請求。但湊巧的是，故護
羌校尉田晏因犯罪被判刑，不久遇赦免刑，因此急欲戴罪立功，於是請來了
當時頗具影響力的中常侍王甫並賄賂之，請求王甫向靈帝建言，派遣夏育、
田晏出征鮮卑。經王甫的力薦，靈帝竟然改變初衷，拜田晏爲破鮮卑中郎將，
同意遣夏育、田晏共同出塞征伐鮮卑。

靈帝自己卻也沒想到，這樣的訊息一傳出之後，朝中大臣大都持反對意
見，逼不得已，靈帝得召集文武百官商討此事。向來直言的議郎蔡邕首先提
出了反對意見，主要的立論提到：

> 「武帝情存遠略，志闢四方，南誅百越，北討強胡，西伐大宛，東
> 并朝鮮。因文、景之蓄，藉天下之饒，數十年閒，民官俱匱。」

> 「自匈奴遁逃，鮮卑強盛，據其故地，稱兵十萬，才力勁健……兵
> 利馬疾，過於匈奴……」

> 「夫專勝者未必克，挾疑者未必敗，眾所謂危，聖人不任，朝議有
> 嫌，明主不行也。……昔珠崖郡反，孝元皇帝納貫捐之言，而下詔
> 曰：「……，今關東大困，無以相贍，又當動兵，非但勞民而已。其
> 罷珠崖郡。」此元帝所以發德音也。夫卹民救急，雖成郡列縣，尚
> 猶棄之，況障塞之外，未嘗爲民居者乎！守邊之術，李牧善其略，
> 保塞之論，嚴尤申其要，遺業猶在，文章具存，循乎二子之策，守
> 先帝之規，臣曰可矣。〔註59〕

〔註58〕《後漢書》，卷 90，〈鮮卑列傳第八十〉，頁 2990。
〔註59〕《後漢書》，卷 90，〈鮮卑列傳第八十〉，頁 2990。引注《史記》曰，李牧，
　　　　趙之北邊良將也。常居代、鴈門備匈奴，以便宜置吏，市租不入幕府，爲士
　　　　卒，謹烽火，邊無失亡也。又引注《漢書》王莽發三十萬眾，十道出擊匈奴，
　　　　莽將嚴尤諫曰：「匈奴爲害，所從來久，未聞上代有征之者也。後世三家周、
　　　　秦、漢征之，然皆未有得上策者也。周宣王時獫狁內侵，至於涇陽，命將出
　　　　征之，盡境而還，是得中策。武帝選將練兵，深入遠戍，兵連禍結三十餘年，
　　　　是爲下策。秦始皇不忍小恥，築長城之固，以喪社稷，是爲無策。」班固曰：
　　　　「若乃征伐之功，秦、漢行事，嚴尤論之當也。」

綜觀蔡邕所持反征戰之立論觀點，有以下幾項：

第一、強調漢武帝時，在國富民強時出擊匈奴，已經落得官民俱匱的下場。

第二、鮮卑兵利馬疾，實力勝過匈奴，況且東漢王朝則人財并乏，實無餘力遠伐鮮卑。

第三、提醒靈帝凡是眾人反對與疑惑的事情，必須三思而後行，明主是不會輕舉妄動、魯莽行事的。

最後，舉出漢元帝"罷珠崖"以及戰國時趙將李牧"守邊之術"的前例，希望靈帝能援引效尤。

靈帝對於蔡邕的建言，特別是"守邊"的言論以及"棄邊"的態度，可以說是相當不以為然的，而最終的關鍵就在於靈帝聽從中常侍王甫的建議。以當時的政治格局，宦官集團在宮中的地位相當鞏固，為王甫在軍國要事上弄權提供了可靠的保證，於是促成靈帝，將數萬漢軍毫無意義地推向了死亡的深淵。〔註60〕

錯誤的決策終造成不幸的事情發生，熹平六年（177 年）秋，漢軍兵分三路遠征鮮卑：

> 八月，遣破鮮卑中郎將田晏出雲中，使匈奴中郎將臧旻與南單于出鴈門，護烏桓校尉夏育出高柳，並伐鮮卑，晏等大敗。〔註61〕

> ……檀石槐命三部大人各帥眾逆戰，育等大敗，喪其節傳輜重，各將數十騎奔還，死者十七八。三將檻車徵下獄，贖為庶人。光和元年，又寇酒泉，邊緣莫不被毒。〔註62〕

漢靈帝時期對鮮卑僅此一次的出擊，竟是落得慘敗的下場。後續數年，鮮卑更加有恃無恐的寇掠邊境，光和元年（178 年）冬，寇酒泉；二年（179 年）十二月，寇幽并二州；三年（180 年）冬，復寇幽并二州；四年（181 年）冬十月，再度寇掠幽并二州，〔註63〕沿邊諸郡不堪其擾，境民痛苦萬分。

一直困擾著靈帝一朝的鮮卑寇邊問題，終於有了決定性的轉跡。光和四年（181 年），鮮卑內部產生鉅變：

〔註60〕徐難于，《漢靈帝與漢末社會》，頁 166。

〔註61〕《後漢書》，卷 8，〈孝靈帝紀第八〉，頁 339。

〔註62〕《後漢書》，卷 90，〈鮮卑列傳第八十〉，頁 2993。

〔註63〕田繼周，《秦漢民族史》，頁 258。亦參見：司馬光，《資治通鑑》，卷 57、58，〈漢紀四十九、五十〉靈帝光和元年～四年，頁 1849～1860。

> 光和中，檀石槐死，時年四十五，子和連代立。和連才力不及父，
>
> 亦數爲寇抄，性貪淫，斷法不平，眾畔者半。〔註64〕

檀石槐一死，因子弟相爭而叛離者眾多，強而有力的軍事聯盟逐漸瓦解，鮮卑寇邊自桓帝永壽二年（156 年），至檀石槐死（181 年），共二十六年之久。〔註65〕檀石槐可說是東漢時期鮮卑族最強大的領袖人物，他實現了鮮卑族大部分的統一，促進了鮮卑族的發展。檀石槐的死，也代表鮮卑對靈帝朝的侵犯和威脅大爲減弱，除了中平二年（185 年）以及三年（186 年），鮮卑又曾寇幽并二州之外，其後便很少見到鮮卑寇掠東漢邊境的記載了。〔註66〕來自鮮卑的威脅雖已減少，但另一支北方民族烏桓又乘機興起，並且與漢官吏結合叛亂，一波未平一波又起，再度成爲靈帝頭痛的邊防問題。

二、烏桓

　　如同上一段所論述的鮮卑一樣，在東漢初期以前，烏桓〔註67〕也是臣服於匈奴之下的，在東漢之初，常與匈奴聯合寇擾邊境，"光武初，烏桓與匈奴連兵爲寇，代郡以東尤爲被害"〔註68〕，光武帝建武二十一年（45 年），曾派遣伏波將軍馬援出擊，雖有斬獲，但未能給予實質的打擊。

　　建武二十二年（46 年），北方環境產生了變化：

> 匈奴國亂，烏桓乘弱擊破之，匈奴轉北徙數千里，漠南地空，帝乃
>
> 以幣帛賂烏桓。"〔註69〕

烏桓乘匈奴受重災而國力虛弱之際，出兵征討且氣勢大增，光武朝於是改變策略，從軍事打擊轉爲政治誘降，〔註70〕首先向烏桓貴族贈送錢幣、綢緞等物品，以示接納之意。這樣的籠絡也立即收到了實效：

> 二十五年，遼西烏桓大人郝旦等九百二十二人率眾向化，詣闕朝貢，

〔註64〕同註 62，頁 2994。

〔註65〕姚秀彥，《秦漢史》，台北：三民書局，1984，頁 454。

〔註66〕《後漢書》，卷 90，〈鮮卑列傳第八十〉，頁 2993。

〔註67〕《後漢書》，卷 90，〈鮮卑列傳第八十〉，頁 2979。開頭提到：「烏桓者，本東胡也。漢初，匈奴冒頓滅其國，餘類保烏桓山，因以爲號焉。」；陳壽，《三國志》，卷 30，《魏書》〈烏丸鮮卑東夷傳〉，頁 832，也提到：「烏丸、鮮卑即古所謂東胡也。」《後漢書》以烏桓稱之；《三國志》以烏丸稱之。

〔註68〕同註 66，頁 2982。

〔註69〕同註 66，頁 2982。

〔註70〕李三謀，〈東漢王朝的邊疆經略〉，《中國邊疆史地研究》，1997：3，頁 24。

> 獻奴婢牛馬及弓虎豹貂皮。
>
> 是時四夷朝貢，絡繹而至，天子乃命大會勞饗，賜以珍寶。
>
> 烏桓願留宿衛，於是封其渠帥為侯王君長者八十一人，皆居塞內，
> 布於緣邊諸郡，令招來種人，給其衣食，遂為漢偵候，助擊匈奴、
> 鮮卑。〔註71〕

後來也因此再度設立「烏桓校尉」〔註72〕，駐於上谷郡甯城，並負責管理漢
人與烏桓之間的貿易，監督使烏桓不得與匈奴交通往來，漢、烏之間和平的
局面，一直延續到明帝、章帝、和帝三世。

　　和帝時期，北方草原的族群關係產生了劇烈的變化。原本獨當一面的匈
奴，因內部紛爭而分裂成南、北匈奴二部，使得匈奴勢力大為折損，加上和
帝遣竇憲伐北匈奴，造成北匈奴西遷遁逃，南匈奴又不肯接收其地盤，使得
原本臣服於匈奴的鮮卑族，隨及填補、取代了原來的空缺，成為北方另一股
強大的勢力，烏桓也隨即強大起來，並開始對東漢邊境產生威脅。

　　從東漢中期，也就是安帝以後，烏桓時常與鮮卑、南匈奴聯合侵擾邊境。
例如，安帝永初三年（109年）：

> 安帝永初三年夏，漁陽烏桓與右北平胡千餘寇代郡、上谷。秋，鴈
> 門烏桓率眾王無何，與鮮卑大人丘倫等，及南匈奴骨都侯，合七千
> 騎寇五原，與太守戰於九原高渠谷，漢兵大敗，殺郡長吏。乃遣車
> 騎將軍何熙、度遼將軍梁慬等擊，大破之。無何乞降，鮮卑走還塞
> 外。是為烏桓稍復親附，拜其大人戎朱鬼為親漢都尉。〔註73〕

又順帝、桓帝年間，也是寇邊不斷：

> 順帝陽嘉四年冬，烏桓寇雲中，……。永和五年，烏桓大人阿堅、
> 羌渠等與南匈奴左部句龍吾斯反畔，中郎將張耽擊破斬之，餘眾悉
> 降。桓帝永壽中，朔方烏桓與休著屠各並畔，中郎將張奐擊平之。
> 延熹九年夏，烏桓復與鮮卑及南匈奴寇緣邊九郡，張奐討之，皆出
> 塞去。〔註74〕

〔註71〕《後漢書》，卷90，〈鮮卑列傳第八十〉，頁2993。
〔註72〕《後漢書》，卷90，〈鮮卑列傳第八十〉，頁2981。「護烏桓校尉」同「烏桓校
　　　　尉」，西漢武帝時已設立「護烏桓校尉」，秩二千石。
〔註73〕《後漢書》，卷90，〈鮮卑列傳第八十〉，頁2983。
〔註74〕《後漢書》，卷90，〈鮮卑列傳第八十〉，頁2983。

從上述史料可知，自和帝破北匈奴，烏桓壯大以後，從安帝開始，烏桓與東漢政權的關係，可說是叛服無常。這種狀況，是與東漢國力的衰弱有關，代表著朝廷逐漸失去了對烏桓的約束力，在南匈奴與鮮卑的拉攏下，某些烏桓貴族的立場一步步地轉向東漢政權的對立面。〔註 75〕但若是就烏桓本身的角度來看，其實也代表著他們在外交策略上的彈性手腕，一方面可以與游牧民族合作，寇擾東漢邊境；另一方面又可接受漢廷招降，"強則攻、弱則降"，不失爲頗具彈性的"兩手"外交策略。

到了靈帝初年，烏桓經過長期內部與外部的鬥爭和發展，形成了幾個重要大部：〔註 76〕

> 靈帝初，烏桓大人上谷有難樓者，眾九千餘落，遼西有丘力居者，
> 眾五千餘落，皆自稱王；又遼東蘇僕延，眾千餘落，自稱峭王；右
> 北平烏延，眾八百餘落，自稱汗魯王：並勇健而多計策。〔註 77〕

如同烏桓先前的發展歷程，東漢王朝的國力與烏桓的強弱，關係密切且呈現出彼消此長的態勢，東漢到了安帝以後，國勢逐漸走下坡，烏桓因而叛服無常，到了靈帝初年，東漢王朝弊端叢生且內外交迫，已經自顧不暇，烏桓大人的"稱王"之舉，可以說是順勢而爲，自然不讓人感到驚訝。

在上一節內容中，我們曾提到東漢中後期以後，大規模地運用"以夷制夷"、代漢守邊、助漢擊寇，其效果是明顯的，尤其是東漢邊防對象皆爲游牧民族，而游牧民族的作戰特點是：騎兵戰鬥力強、行動迅速、勇敢善戰。如此彌補了東漢兵力不足及戰術上的弱點，並在一定程度上節省了軍費開支，減輕了人民的徭役負擔。〔註 78〕

靈帝中平年間（184～89 年），正值內外交迫之際，黃巾民變與西北羌禍並起，靈帝一朝於是又想起"以夷制夷"的策略。中平二年（185 年）左車騎將軍皇甫嵩請求征發三千烏桓兵西討羌胡，此議引發諸多論戰：

> 中平二年，漢陽賊邊章、韓遂與羌胡爲寇，東侵三輔，時遣車騎將

〔註 75〕 李三謀，〈東漢王朝的邊疆經略〉，《中國邊疆史地研究》，頁 25。

〔註 76〕 田繼周，《秦漢民族史》，頁 242。

〔註 77〕 《後漢書》，卷 90，〈鮮卑列傳第八十〉，頁 2984。按金發根在〈東漢至西晉初期中國境內游牧民族的活動〉，頁 18，於註 17 考証《三國志》與《晉書》對於游牧民族之戶口單位的名稱，認爲其記載的「落」，實與「家」、「戶」同義。

〔註 78〕 曾九江，〈論東漢"以夷制夷"的邊防政策〉，《江西廣播電視大學學報》，2005：3，頁 22。

> 軍皇甫嵩討之。嵩請發烏桓三千人。北軍中候鄒靖上言：「烏桓眾弱，
> 宜開募鮮卑。」……劭駁之曰：「……臣愚以為可募隴西羌胡守善不
> 叛者，簡其精勇，多其牢賞。……」。於是詔百官大會朝堂，皆從劭
> 議。〔註79〕

此番辯論後來雖然沒有征調烏桓兵，在提到"兵寡、眾弱"的同時，似乎與
當時烏桓各部大人勢盛且"稱王"的事實不符，這反倒是突顯出一些擔心及
隱憂，意謂著當朝廷已呈現兵疲馬弱的同時，"以夷制夷"自然有其高度風
險，特別是靈帝時期對於邊族已難以駕馭，所考慮的層面就必須更加地縝密、
寬廣。

靈帝中平四年（187 年），隨著黃巾軍餘部以及西北羌胡聯軍的攻勢下，
朝廷迫於情勢緊急，當時太尉張溫決定冒險征發難以駕馭的幽州烏桓兵三千
精騎，但最後卻因軍糧不足，烏桓兵叛逃回國，最後卻是搞到了無疾而終的
地步：

> 後車騎將軍張溫討賊邊章等，發幽州烏桓三千突騎，而牢稟逋懸，
> 皆畔還本國。〔註80〕

此舉除了顯現出靈帝朝對於烏桓的不馴與反叛，已缺乏反制能力外，更突顯
出朝廷的虛弱與無能。此外，在領兵的過程中，也發生了一段意外的插曲，
前中山相太守張純主動向太尉張溫請求率烏桓兵西討叛軍，其出兵動機得不
到張溫的信任，張溫隨及任命涿縣令公孫瓚統帥烏桓精騎。

烏桓兵精騎的反叛，使得張純激起了結合烏桓、背叛漢室的念頭：

> 前中山相張純私謂前太山太守張舉曰：「今烏桓既畔，皆願為亂，涼
> 州賊起，朝廷不能禁。又洛陽人妻生子兩頭，此漢祚衰盡，天下有
> 兩主之徵也。子若與吾共率烏桓之眾以起兵，庶幾可定大業。」舉
> 因然之。〔註81〕

張純聯合張舉，以並發舉烏桓丘力居部眾，自號"彌天安定王"〔註82〕，以
漢官吏的身份公然進行叛亂代漢：

> 「中平四年，前中山太守張純畔，入丘力居眾中，自號彌天安定王，

〔註79〕 《後漢書》，卷48，〈應劭列傳第三十八〉，頁 1611。
〔註80〕 《後漢書》，卷 73，〈劉虞列傳第六十三〉，頁 2353。
〔註81〕 《後漢書》，卷 73，〈劉虞列傳第六十三〉，頁 2353。
〔註82〕 《後漢書》，〈鮮卑列傳〉稱為「彌天安定王」；在〈劉虞列傳〉中稱為「彌天
　　　 將軍安定王」。

遂爲諸郡烏桓元帥，寇掠青、徐、幽、冀四州。」〔註83〕

「漁陽人張純與同郡張舉兵叛，攻殺右北平太守劉政、遼東太守楊終、護烏桓校尉公綦稠等，舉（兵）自稱天子，寇幽、冀二州。」〔註84〕

面對征發烏桓精騎卻遭叛逃，以及叛臣公然稱帝、聯合遼西丘力居部烏桓共同叛變的雙重打擊下，使得靈帝既憤怒且驚恐，靈帝急詔朝臣商討對策，得到了"剿撫並舉"的結論。在"剿"的方面，令公孫瓚以武力征討叛軍，但結果是互有勝負，並未獲得決定性的優勢〔註85〕；在"撫"這方面，得到較爲一致的共識"朝廷以虞威信素著，恩積北方"〔註86〕，隔年，也就是靈帝中平五年（188年），以劉虞爲幽州牧〔註87〕，前往幽州進行鎮撫反叛的烏桓，劉虞的恩威並重以及分化政策，果然奏效：

虞到薊，罷省屯兵，務廣恩信。遣使告峭王等以朝恩寬弘，開許善路。又設賞購舉、純。舉、純走出塞，餘皆降散。純爲其客王政所殺，送首詣虞。靈帝遣使者就拜太尉，封容丘侯。〔註88〕

劉虞以他個人自身的信譽和威望，使烏桓部眾接受了劉虞的勸告，紛紛遣部回歸本營。劉虞另一方面又懸賞張舉、張純兩叛逆首級，不但造成叛軍勢力的瓦解，也使舉、純兩人眾叛親離，並且棄妻倉皇逃到塞外。最後，在中平六年（189年），張純被其部下王政所殺，才眞正結束了這場漢官吏通邊族的叛逆事件。由此看來，與邊族的互惠共存以及和平對待，相較於勞師動眾、

〔註83〕《後漢書》，卷90，〈鮮卑列傳第八十〉，頁2984。

〔註84〕《後漢書》，卷8，〈孝靈帝紀第八〉，頁354。

〔註85〕同註81，頁2358。記載公孫瓚討伐叛軍情況：「瓚追擊戰於屬國石門，虜遂大敗，棄妻子踰塞走，悉得其所略男女。瓚深入無繼，反爲丘力居等所圍於遼西管子城，二百餘日，糧盡食馬，馬盡煮弩楯，力戰不敵，乃與士卒辭訣，各分散還。時多與雪，隊阬死者十五六，虜亦飢困，遠走柳城。」

〔註86〕《後漢書》，卷73，〈劉虞列傳第六十三〉，頁2354。劉虞曾出任幽州刺史，任職期間公正廉潔，又能妥善處理與邊族鮮卑、烏桓關係，甚得民心。因此朝臣寄予厚望。

〔註87〕赫治清、王曉衛著，《中國兵制史》，頁60。提到：東漢初沿襲州牧制度，建武十八年（42年）罷州牧，置刺史，但無領兵之權。安帝以後，常以刺史領兵作戰，刺史成爲一方軍閥。靈帝中平五年（188年），「改刺史，唯置牧。是時天下方亂，豪傑各欲據有州郡，而劉焉、劉虞並自九卿出領州牧。州牧之任，自此重矣。」此段引自杜佑《通典·職官》十四。

〔註88〕《後漢書》，卷90，〈鮮卑列傳第八十〉，頁2984。

損耗國力的打壓征討，要來得高明許多，且值得後世引以爲鑑。

　　來自北方的鮮卑、烏桓不斷寇掠邊地，爲靈帝朝帶來相當大的困擾與衝擊，而另一方面的西南邊疆亦不得安寧，屢屢興起大規模的叛亂行動，使得靈帝朝窮於應付，甚至陷於岌岌可危的地步。

第三節　南蠻與西南夷

　　漢時居於荆州部南郡、江夏郡、武陵郡、長沙郡、桂陽郡、零陵郡和益州部巴郡的少數民族，統稱爲"蠻"，又分別以郡名、縣名以及某些特點稱之。居於益州部武都郡、蜀郡、犍爲郡、越巂郡、牂柯郡、益州郡、永昌郡的少數民族統稱爲"西南夷"〔註89〕（參見圖3-1）。

　　本節我們就影響靈帝朝政局的南蠻（江夏蠻、板楯蠻、武陵蠻）以及西南夷的部分，依他們在靈帝朝叛亂時間的先後順序，分別作簡要之介紹。

一、江夏蠻

　　巴郡、南郡、江夏等郡蠻分布於今四川東部和湖北者，相傳爲"廩君"之後。〔註90〕南郡之地曾爲楚國的政治重心，秦始皇滅楚建立南郡。〔註91〕到了漢朝，南郡已屬漢之內部，漢朝統治者對該地既存在歧視態度，又奉行民族壓迫政策，〔註92〕因此在漢朝經常有反抗的事件發生，西漢時記載缺乏，東漢時就不乏記載了。光武年間，始有江夏蠻叛亂之記載：

> 至建武二十三年，南郡潳山蠻雷遷等始反叛，寇掠百姓，遣武威將
> 軍劉尚將萬餘人討破之，徙其種人七千餘口置江夏界中……。〔註93〕

又於和帝時，以郡守收稅不公而叛亂：

> 和帝永元十三年，巫蠻許聖等以郡收稅不均，懷怨恨，遂屯聚反叛。
> 明年夏，遣使者督荆州諸郡兵萬餘人討之。……聖等乞降，復悉徙

〔註89〕田繼周，《秦漢民族史》，頁398。
〔註90〕《後漢書》，卷86，〈南蠻列傳第七十六〉，頁2840。引注《代本》曰：「廩君之先，故出巫誕」也。
〔註91〕同上註，2831。
〔註92〕田繼周，《秦漢民族史》，頁405。
〔註93〕同註90，頁2841。

置江夏。〔註94〕

一直到了靈帝朝，才又出現江夏蠻的叛亂，在建寧二年（169 年），"江夏蠻叛，州郡討平之。"〔註95〕又於光和三年（180 年），再度叛亂：

> 光和三年，江夏蠻復叛反，與盧江賊黃穰相連結，十餘萬人，攻沒
> 四縣，寇患連年。盧江太守陸康討破之，餘悉降散。〔註96〕

雖然在《後漢書》的〈南蠻傳〉僅記載到光和三年，但在〈孝靈帝紀〉裡的中平三年（186 年），又提到有關江夏蠻的事跡：

> 三年春二月，江夏兵趙慈反，殺南陽太守秦頡。……六月，荊州刺
> 史王敏討趙慈，斬之。〔註97〕

這也是靈帝朝裡，最後一次提到有關江夏蠻叛亂的記載。

二、西南夷

秦漢時期的西南夷，是指分布於今四川西部、南部和貴州、雲南地區的少數民族（參見圖 3-1），秦朝曾在該地置有十數縣，漢武帝朝則擴大郡縣建置，相繼建立了犍為、牂柯、越嶲、永昌等郡，並短時期建有汶山、沈黎二部，後並入蜀郡。〔註98〕

《史記》、《漢書》以及《後漢書》都對西南夷列傳予以記載，在《後漢書》的〈西南夷傳〉中提到"夜郎、滇、哀牢、邛都、筰都、冉驪、白馬等"。〔註99〕除了在安帝永初期間，西南夷"永昌、益州、蜀郡夷皆叛，應封離，眾至十餘萬，破壞二十餘縣，殺長吏，焚掠百姓，骸骨委積，千里無人"〔註100〕，曾有大規模的叛亂外，歷順帝、桓帝五十餘年，"西南夷"相對安寧，西南邊疆局勢較為穩定。〔註101〕

到了靈帝朝，西南夷再度掀起大規模動亂，熹平五年（176 年）四月：

> 靈帝熹平五年，諸夷反叛，執太守雍陟。遣御史中丞朱龜討之，不

〔註94〕同註 90，頁 2841。
〔註95〕《後漢書》，卷 86，〈南蠻列傳第七十六〉，頁 2841。
〔註96〕同上註。
〔註97〕《後漢書》，卷 8，〈孝靈帝紀第八〉，頁 352。
〔註98〕田繼周，《秦漢民族史》，頁 422。
〔註99〕《後漢書》，卷 86，〈西南夷列傳第七十六〉，頁 2844。
〔註100〕《後漢書》，卷 86，〈西南夷列傳第七十六〉，頁 2857。
〔註101〕徐難于，《漢靈帝與漢末社會》，頁 173。

能剋。〔註 102〕

西南夷叛亂氣勢旺盛，不但太守被擄，派兵討伐也未見成效，靈帝在情急之下，緊急召集朝臣來商討對策，沒想到竟出現消極的"棄邊"言論："朝議以為郡在邊外，蠻夷喜叛，勞師遠役，不如棄之"，〔註 103〕靈帝當下可能也陷入苦思，一但放棄了益州郡，整個西南疆域極可能產生連鎖效應，永昌郡、越嶲郡等也恐將不保。

來自西南巴郡的太尉李顒，以他在西南疆的實際經驗，提出了不同的看法與意見：

> 太尉掾巴郡李顒建策討伐，乃拜顒益太守，與刺史龐芝發板楯蠻擊
> 破平之，還得雍陟。〔註 104〕

屬於巴郡系統的板楯蠻，在東漢一代曾數次助朝廷平亂（見下一段論述），李顒善用之而建奇功。之後，李顒留鎮益州，西南邊疆趨於安寧。

李顒死後，雖然夷人復叛，"以廣漢景毅為太守，討定之。毅初到郡，米斛萬錢，漸以仁恩，少年間，米至數十云。"〔註 105〕幸而後繼者方法得當，頗能招攬人心，因此至靈帝朝結束，未見西南夷之復叛。

三、板楯蠻

巴郡板楯蠻與江夏蠻同為"南蠻"的支屬，同樣在秦國之際，設置為巴郡，是為巴郡人之後代，秦惠王"以巴氏為蠻夷君長"，稱為"巴蠻"。這群巴人勇武善戰，有的戰時以板為楯，又名之為板楯蠻，〔註 106〕他們住在今四川嘉陵江邊，以愛好歌舞著稱，〔註 107〕《後漢書》〈南蠻列傳〉裡，對板楯蠻的淵源和習性，有以下的記載：

> 至高祖為漢王，發夷人還發三秦。秦地既定，乃遣還巴中，復其渠
> 帥羅、朴、督、鄂、度、夕、龔七姓，不輸租賦，餘戶乃歲入賨錢，
> 口四十。世號為板楯蠻。……天性勁勇，初為漢先鋒，數陷陳。俗
> 喜歌舞，高祖觀之，曰：「此武王伐紂之歌也。」乃命樂人息之，所

〔註 102〕同註 100，頁 2847。
〔註 103〕同註 100，頁 2847。
〔註 104〕同註 100，頁 2847。
〔註 105〕同註 100，頁 2847。
〔註 106〕田繼周，《秦漢民族史》，頁 402。
〔註 107〕田餘慶編寫，翦伯贊主編，《中國史綱要》，北京：人民出版社，1991，頁 207。

謂巴渝舞也。遂世世服從。〔註108〕

由此可知，板楯蠻本身的戰鬥力強，且早在漢初就曾助高祖得天下，又值得一提的是，西漢初年，板楯蠻的巴渝舞，已成爲漢朝廟堂的一種歌舞〔註109〕，可視爲漢朝廷對他們的欣賞與看重。

板楯蠻在西漢一代，與漢王朝和諧無事，到了東漢在朝廷"以夷制夷"的策略下，於是經常依仗驍勇善戰的板楯蠻來防禦討發其他邊族，例如安帝時期協助殲滅南下寇掠的羌胡，以及桓帝時，板楯蠻又助朝廷向西北征討羌寇，向南討伐武陵蠻。如此被漢廷倚重的邊族，卻也在順帝與桓帝時數度叛亂，"桓帝之世，板楯數反，太守蜀郡趙溫以恩信降服之。"〔註110〕可見對待邊族，以柔性的方式來感化，比起一味的兵戎鎮壓，是要來得高明許多。

靈帝光和二年（179 年），再度發生叛亂，派兵鎮壓亦無法攻克，"巴郡板楯蠻復叛，寇掠三蜀及漢中諸郡。靈帝遣御史中丞蕭瑗督益州兵討之，連年不能剋。"，〔註111〕這樣的訊息一傳來，使得靈帝相當地震驚，原因在於先前熹平五年（176 年）的西南夷叛亂時，還倚重板楯蠻來平定亂事，萬萬沒想到才事隔三年，隨及傳出板楯蠻寇亂已波及蜀、廣漢、犍爲等數郡，已造成西南動盪的局勢，特別是靈帝朝在之前已遭逢鮮卑、江夏蠻、西南夷等邊族的寇擾與叛亂，早已嚴重耗損國力，板楯蠻的叛亂，對靈帝朝而言，無疑是雪上加霜。

叛亂局勢的漸趨嚴重，使得靈帝決定發重兵遠征西南，行前召見益州諸郡計吏，以徵詢出兵之方略。這時，漢中計吏程苞提出了極具深入的見解與看法：

「其人勇猛，善於兵戰。昔永初中，羌入漢川，郡縣破壞，得板楯救之，羌死敗殆盡，故號爲神兵。羌人畏忌，傳語種輩，勿復南行。至建和二年，羌復大入，實賴板楯蠻連摧破之。前車騎將軍馮緄南征武陵，雖受丹陽精兵之銳，亦倚板楯以成其功。近益州郡亂，太守李顒亦以板楯討而平之。忠功如此，本無惡心。長吏鄉亭，更賦至重，僕役箠楚，過於奴虜……雖陳冤州郡，而牧守不爲通理……

〔註108〕《後漢書》，卷86，〈南蠻列傳第七十六〉，頁2842。

〔註109〕《後漢書》，卷86，〈南蠻西南夷列傳第七十六〉，頁2847。

〔註110〕同上註，頁2843。

〔註111〕《後漢書》，卷86，〈南蠻西南夷列傳第七十六〉，頁2843。

愁苦賦役，困懼酷刑。故邑落相聚，以致叛戾。非有謀主僭號，以
圖不軌。今但選明能牧守，自然安集，不煩征伐也。」〔註112〕

程苞的論點的確切中時弊，主要的理由有三方面：

第一、板楯在秦漢時期曾多次地為朝廷平定亂事（如上段所述），認為板
楯基本上是忠心於朝廷的，而且對於西南疆域的安全極具穩定作用。

第二、板楯反叛的原因在於巴郡地方官吏的的苛稅與暴政，是所謂官逼
民反，反抗地方官以求生存，這並非有人帶頭作亂，更沒有僭號不軌的意圖。

第三、最後強調不宜用重兵征伐，建議朝廷選任能明辨事理、公正不阿
者來出任地方牧守，以恩信安撫板楯，必能使之安份守己。

這樣深入、客觀的分析，也使靈帝相當地認同，這些論點似乎為板楯的
叛亂，求得了重要的解套之道。於是，"帝從其言，遣太守曹謙宣詔赦之，
即皆降服"〔註113〕。終於在光和五年（182 年）五月，"巴郡板楯蠻詣太守
曹謙降"〔註114〕，結束了這次為期三年的板楯蠻叛亂。

靈帝朝裡最後一次提到板楯蠻的叛亂，是在中平五年（188 年），這與黃
巾民變中的巴郡黃巾餘部有關：

至中平五年，巴郡黃巾賊起，板楯蠻夷因此復叛，寇掠城邑，遣西
園上軍別部司馬趙瑾討平之。〔註115〕

有關黃巾民變的部分，我們將留待下一章節，一併予以分析介紹。

四、武陵蠻

如同前面的江夏蠻與板楯蠻，武陵蠻亦同為"南蠻"的支屬，在秦國設
為黔中郡，至漢朝改為武陵郡，可以說已成為內地郡，是秦漢王朝所隸屬的
少數民族，成為在這些郡縣管理下的民族，因此武陵蠻是以郡名稱之的邊族。
武陵蠻又稱為"五溪蠻"，〔註116〕亦有"賨人"之稱，〔註117〕在秦與西漢時

〔註112〕同上註。其中"更賦"，即為古代之徭役。
〔註113〕《後漢書》，卷 86，〈西南夷列傳第七十六〉，頁 2843。
〔註114〕《後漢書》，卷 8，〈孝靈帝紀第八〉，頁 347。
〔註115〕《後漢書》，卷 86，〈南蠻列傳第七十六〉，頁 2842。
〔註116〕田繼周，《秦漢民族史》，頁 408。引《水經注》云：「武陵有五溪，謂雄溪、
　　　　構溪、無溪、酉溪、辰溪其一也。夾溪悉是蠻左所居，故謂此蠻五溪蠻。」
〔註117〕同上註，引《南史》〈諸蠻傳〉的說法，因他們向秦漢王朝納賦布"大人一匹，
　　　　小口二丈"，其人稱賦為賨，稱為"賨布"，演稱賨人。

期，“雖時爲寇盜，而不足爲郡國患”〔註118〕，因此武陵郡大致上是安定的。到了東漢時期，自光武帝以降，章帝、和帝、安帝、順帝、桓帝等朝，一直到靈帝朝，都記載了武陵蠻反抗漢朝統治的事件，綜觀其叛亂原因，大概都是因爲漢王朝對當地民族的不合理壓迫，主要在於賦稅剝削加重、統治加強所造成的。〔註119〕靈帝朝有關武陵蠻的叛亂，僅有一次記載：

> 至靈帝中平三年，武陵蠻復叛，寇郡界，州郡擊破之。〔註120〕

這次的反叛，與當時靈帝朝中平元年（184 年）所發生的黃巾民變有關，在當時天下大亂之際，如同之前所提到的板楯蠻一樣，武陵蠻也捲進了這一場戰亂之中，最後，都被漢朝透過軍事鎮壓而平定。

　　由以上事例，我們進一步地了解到南蠻、西南夷等少數民族，經常處於漢人王朝的高壓統治與經濟剝削下，沉重的賦稅與徭役，蠻族只有在勢力強大時，便拒絕向漢人政府納稅服役，可見東漢末年的湖南蠻族起義當係由東漢政府濫征賦稅而起，而這種賦役剝削也是導致少數民族經濟文化長期落後的重要因素，〔註121〕以漢人的角度與觀點來看，這卻變成是邊族的背叛與叛亂。

第四節　西羌

　　羌族是我國歷史上的古老民族之一，原是游牧時代的民族，最早以畜牧爲主業，是古代著名的牧羊人，以羊爲圖騰，反映出羌人是以牧羊爲主的經濟生活狀態。〔註122〕在《後漢書》卷 87〈西羌傳第七十七〉一開始就提到：「西羌之本，出自三苗，姜姓之別也。」〔註123〕於是到了農業時代，部分羌人便進化而爲姜姓，並解除了羌字，姜羌同出一源，姜姓是由羌族進化而來的，兩者的差別，只是在於生活方式與文化程度的懸殊，絕非血統種族的不同。〔註124〕

〔註118〕同註 113，〈西南夷列傳第七十六〉，頁 2831。
〔註119〕田繼周，《秦漢民族史》，頁 408。可參見《後漢書》，卷 86，〈西南夷列傳第七十六〉，頁 2831～2834。
〔註120〕《後漢書》，卷 86，〈南蠻列傳第七十六〉，頁 2834。
〔註121〕曉天，〈兩漢時期湖南蠻族的賦役問題〉，《求索》（長沙），1992：6，頁 109。
〔註122〕同註 119，頁 267。
〔註123〕《後漢書》，卷 87，〈西羌傳第七十七〉，頁 2869。
〔註124〕闕鑣曾，〈兩漢的羌患〉，《政治大學學報》，1966：12，頁 177。

呂思勉先生在《中國民族史》中也提到：「古之氐羌，在今隴屬之間，至秦漢時，已服屬中國並編戶，在其南邊，則同化較遲，則古所謂巴人」，〔註 125〕巴人即爲本節之前已討論過的巴郡南蠻之板楯蠻等。在西漢時期羌族生活在中國西部，主要是以當時的西海郡（今青海）爲中心，往南至蜀郡、廣漢郡（今四川西北部），北到隴西、天水（今甘肅），東到扶風（今陝西西部），西北則與西域地區爲鄰，範圍相當廣闊。（參見圖 3-1）

他們以種落爲單位，依隨水草，過著游牧生活，種落內雖已出縣現私有財產和開始階級分化，但還沒有統一的政權組織，〔註 126〕大部分的種落都以游牧爲主業，只有部分與漢族雜居地區從事農耕，種屬複雜互不統屬，分合不定。管東貴先生在〈漢代的羌族〉一文中，將《史記》、《漢書》、《後漢書》等史料中所記載到的羌族種別名稱，以表列之（參見表 3-1），有助於對羌族種別的認識與瞭解。〔註 127〕

在族群習性上，羌族因大多居住於高寒地帶，因此“堪耐寒苦，同之禽獸”、“性堅剛勇猛”，又“而果於觸突，以戰死爲吉利，病終爲不祥”，〔註 128〕因此羌族的優點是能吃大苦、耐大勞，而且勇敢善戰，敢於反抗強暴，缺點是種類分散，不能凝聚爲強固的政治集體。〔註 129〕

如上述所言，羌族雖沒有建立統一的政權，但由於他們跟漢人雜處的區域甚廣，且地近“三輔”〔註 130〕，一有騷動，就威脅到京畿的安全。〔註 131〕這也牽涉到漢代對於羌族遷徙的規模大、次數多，據史載計算，遷徙次數大大小

〔註 125〕呂思勉，《中國民族史》，北京：東方出版社，1996，頁 276。

〔註 126〕林劍鳴，《秦漢史》，頁 471。

〔註 127〕管東貴，〈漢代的羌族（上）〉，《食貨月刊》，復刊第一卷，第一期，1971：4，頁 17。

〔註 128〕《後漢書》，卷 87，〈西羌傳第七十七〉，頁 2869。

〔註 129〕馬植杰，《三國史》，北京：人民出版社，1993，頁 334。

〔註 130〕曾繁康，《中國政治制度史》，頁 128。提到漢代地方行政制度中有關郡國的設置，可大致分爲三輔郡、普通郡、邊郡，以諸侯王國四種。又引注《漢書》〈百官公卿表〉曰：「內史，周官，秦因之，掌治京師。景帝二年，分置左右內史。右內史武帝太初元年更名爲京兆尹，屬官有長安市、廚兩令丞，又都水、鐵官兩長丞。左內史更名左馮翊，屬官有廩犧令丞尉。又左都水、鐵官、雲壘、長安四市四長丞皆屬焉。」同上又曰：「武帝太初元年更名爲右扶風，治內史右地。屬官有掌畜令丞，又有都水，鐵官，廄，癰，廚，四長丞皆屬焉。與左馮翊京兆尹、是爲三撫。皆有兩丞。」

〔註 131〕管東貴，〈漢代的羌族（上）〉，《食貨月刊》，復刊第一卷，第一期，1971：4，頁 15。

小有三十次之多，其中又可分爲羌族本身主動的與被動地向內地遷徙，〔註 132〕在主動方面，如同在第一節所提到的，游牧民族以“掠奪”爲其生產方式之一，這當然也適用於羌族仰慕漢朝的先進經濟與文化，並且進一步地遷徙與滲入；在被動方面，則牽涉到漢朝在統治上的需要，而不斷將羌族內徙。〔註 133〕

眞正困擾著漢朝的外患只有兩個來源，一是北方的匈奴，一是西方的羌，〔註 134〕於是匈奴、羌以及漢朝，在外交策略上便產生了彼此互相牽動的微妙關係。在西漢初期：

> 至於漢興，匈奴冒頓兵強，破東胡，走月氏，威震百蠻，臣服諸羌。〔註 135〕

代表此時爲匈奴崛起，臣服諸羌的時代，又因漢初與匈奴採合親政策，因此這段長達半世紀期間，東亞只有漢與匈奴的國際關係，而無漢與諸羌的國際關係。〔註 136〕一直到了漢景帝時，開始了羌漢最早的集體性的接觸，羌族研種留何率種人，求守隴西塞事：

> 景帝時，研種留何率種人求守隴西塞，於是徙留何等於狄道、安故，至臨洮、氐道、羌道縣。〔註 137〕

其中的“道”〔註 138〕是爲漢代的地方政區，凡縣「有蠻夷曰道」。有道字的縣，都是戎羌雜居的地方，其中以氐羌族占大多數。〔註 139〕

研種的入守必然導致漢、匈關係的緊張。〔註 140〕之前因爲匈奴強大威勢

〔註 132〕尚新麗，〈秦漢時期羌族的遷徙及社會狀況〉，《南都學壇政》（哲學社會科學版），1997：5，頁 5。

〔註 133〕李吉和，〈秦漢時期羌族的內徙與經濟社會的變遷〉，《中南民族大學學報》（人文社會科學版），2003：3，頁 100。

〔註 134〕馬植杰，《三國史》，北京：人民出版社，1993，頁 334。

〔註 135〕《後漢書》，卷 87，〈西羌傳第七十七〉，頁 2876。

〔註 136〕雷家驥，〈氐羌種姓文化及其與秦漢魏晉的關係〉，《中正大學學報》（人文分冊），1995：6，頁 180。

〔註 137〕《後漢書》，卷 87，〈西羌傳第七十七〉，頁 2876。

〔註 138〕曾繁康，《中國政治制度史》，頁 143。提到漢代地方行政制度中有關縣的種類，可大致分爲縣、國、邑、道四種。引注《漢書》〈百官公卿表〉曰：「縣萬户以上爲令，減萬户爲長……縣大率方百里，其民稠則減，稀則曠……列侯所食縣曰國，皇太后皇后公主所食曰邑，有蠻夷曰道。」

〔註 139〕闞鎬曾，〈兩漢的羌患〉，《政治大學學報》，1966：12，頁 183。提到了氐與羌因居地接近，種類混雜，合稱「氐羌」，早見於殷武之詩。或謂羌其大名，氐其小別，氐不過羌中的一支。

〔註 140〕雷家驥，〈氐羌種姓文化及其與秦漢魏晉的關係〉，《中正大學學報》（人文分

的關係，羌臣服於匈奴且彼此合作，實有利於羌的發展，羌與匈奴的聯合，自然會增加漢朝邊防上的威脅。到了武帝時，國力逐漸穩固，對邊族的態度**轉趨積極**：

> 及武帝征伐四夷，開地廣境，北卻匈奴，西逐諸羌，乃度河、湟，築令居塞；初開河西，列置四郡，通道玉門，隔絕羌胡，使南北不得交關。〔註141〕

武帝朝逐設法面對邊患威脅去謀求解決，第一步就是要切斷羌與匈奴的來往，然後予以孤立擊破，武帝以來開河西、通西域可以說是戰略上的逐步實現。〔註142〕這樣的大動作，已確切地壓迫到羌族的生存空間，孤立匈奴也會增加羌族在後續發展上的疑慮。就在武帝致力於奪取河西一帶的控制權的時期，在武帝元鼎五年（前112年），羌族邀集匈奴進行大規模的反漢軍事行動：

> 時先零羌與封養牢姐種解仇結盟，與匈奴通，合兵十餘萬，共攻令居、安故，遂圍枹罕。漢遣將軍李息、郎中令徐自爲將兵十萬人擊平之。始置護羌校尉，持節統領焉。羌乃去湟中，依西海、鹽池左右。漢遂因山爲塞，河西空地，稍徙人以實之。〔註143〕

武帝對待羌族沒有像對待匈奴那樣，抱「勢不兩立」的態度，在亂事平定後，並沒有對羌族進行懲罰性的打擊；相反地是設置了"護羌校尉"來管理、調節塞外羌族事務，〔註144〕大部分的降羌被徙置在漢朝的統治區內。

宣帝時，部分離開湟中出塞的先零羌要求"渡湟水逐民所不田處以爲畜牧"，〔註145〕當時的巡視諸羌的光祿大夫義渠安國不疑有它，並爲其上奏，後將軍趙充國立即察覺到這是羌人叛亂的前兆，因爲這與漢政府隔斷匈奴與羌人聯繫的策略是背道而馳的，趙充國曾向朝廷力主持重守勢，加強戰備，屯積糧食於金城的建議，但並未被朝廷採行。〔註146〕之後，羌人果眞"遂度

冊），1995：6，頁180。

〔註141〕《後漢書》，卷87，〈西羌傳第七十七〉，頁2876。

〔註142〕管東貴，〈漢代的羌族（下）〉，《食貨月刊》，復刊第一卷，第二期，1971：5，頁90。

〔註143〕同註141。

〔註144〕管東貴，〈漢代處理羌族問題的辦法的檢討〉，《食貨月刊》，復刊第二卷，第三期，1972：6，頁129。

〔註145〕《後漢書》，卷87，〈西羌傳第七十七〉，頁2877。

〔註146〕林劍鳴，《秦漢史》，頁472。

湟水，郡縣不能禁"。〔註147〕

　　宣帝元康三年（前 63 年），以先零羌爲首的諸羌聯盟，果然計畫進行寇邊，並與匈奴聯繫，宣帝遣使義渠安國前去警戒，沒想到安國隨及"召先零豪四十餘人斬之，因放兵擊其種，斬首千餘級。"〔註148〕，此舉引起諸羌怨恨，於是再度起兵，寇亂金城。最後，漢朝起用趙充國領兵六萬，平息亂事。趙充國一面推薦新任護羌校尉人選，另一方面請求實行在湟中兩何間軍屯，此即相當著名的趙充國上書宣帝的〈屯田便宜十二疏〉〔註149〕。又在神爵二年（前 60 年），趙充國招徠先零、煎鞏等降漢，遷徙他們至破羌（青海樂都）、允街（甘肅永登）等縣，並設置"金城屬國"〔註150〕，另外有一部分被安置在金城郡和隴西郡。綜觀西漢一代，羌人或自行求附，或爲漢兵所破降，這些羌人皆就近安置在金城、隴西等郡。〔註151〕趙充國納降降羌於邊邑郡縣治下的作法，不僅宣告了漢武帝逐羌塞外政策的終結，也開了日後西羌大批內屬徙居內郡的風氣之先。〔註152〕

　　特別是趙充國的屯田之策，可以說是討羌之後的善後與安定措施，有強化西邊守備及補給，節省軍費，嚇阻西羌，且有保護漢民田作諸功效，軍屯由此以來，在兩漢斷斷續續地實行。〔註153〕管東貴先生在〈漢代處理羌族問題的辦法的檢討〉一文中認爲：想要從根本上鞏固邊防，掌握優勢，可進可守，則屯田確是上策，如此可解決邊防軍糧轉輸的問題，具有移民實邊，開發邊疆，鞏固邊防等效果，並且建立起跟羌族維持安定關係的實力。〔註154〕又雷家驥先生在〈氐羌種姓文化及其與秦漢魏晉的關係〉一文中，除了以漢朝的角度來分析之外，也從羌人的角度來看待此事，認爲：趙充國的軍屯政

〔註147〕同註 140。
〔註148〕管東貴，〈漢代的羌族（下）〉，《食貨月刊》，復刊第一卷，第二期，1971：5，頁 90。
〔註149〕參見班固撰，楊家駱主編，《漢書》，卷 69，〈趙充國傳第三十九〉，台北：鼎文書局，1986，頁 2987，以下均採同樣版本。
〔註150〕同上註。
〔註151〕尚新麗，〈秦漢時期羌族的遷徙及社會狀況〉，《南都學壇政》（哲學社會科學版），1997：5，頁 4。
〔註152〕楊永俊，〈對東漢"羌禍"的重新審視〉，《西北史地》，1999：1，頁 9。
〔註153〕雷家驥，〈氐羌種姓文化及其與秦漢魏晉的關係〉，《中正大學學報》（人文分冊），1995：6，頁 183。
〔註154〕管東貴，〈漢代處理羌族問題的辦法的檢討〉，《食貨月刊》，復刊第二卷，第三期，1972：6，頁 129、137。

策，對漢朝的國防戰略是有利的，對種羌卻是大害。它加深了羌人爲求生存空間而奮鬥的動機，惡化了羌、漢之間的關係，當東漢國力東移後，遂成爲百餘年「羌患」的最基本原因。〔註155〕

東漢光武時期，又爆發了羌、漢的大規模戰爭，建武十年至十三年（34~37年），馬援平定了進擊金城與隴西的先零羌和進擊武都的參狼羌，漢朝把羌人徙置在天水、隴西、扶風三郡（陝西、甘肅一帶）。〔註156〕內徙的羌族人民與漢族人民雜居在一起，從事農業生產，若以較具正面的角度來看待的話，兩族相互交往與融合，對於漢羌兩族的民族團結和羌族的經濟文化發展都有積極的意義，羌人的遷徙，促進了民族的整合。〔註157〕

但若以羌種整體角度來看，首先是生存活動空間遭到了壓縮，又郡內的降羌，受郡縣的統治，其生產、生活方式都受到了衝擊，與東漢政府存有矛盾，另一方面是塞外的先零、燒當、參狼諸羌部落不斷向邊郡發動進攻，並不時搧動內郡羌民反對東漢政府，給東漢西北邊境造成威脅。〔註158〕

東漢初期的羌、漢衝突，責任主要在於漢人這一方，〔註159〕東漢時期羌人起頻繁起義，范曄在《後漢書》裡沒有一昧指斥羌人騷擾邊塞，而是明確指出：羌人之所以起義，是因爲漢族官僚剝削、壓迫太重所致。東漢政府爲分散羌族力量，加強對羌民的控制，強迫羌民內徙，內徙羌民失去原有土地，加上"族類藩息"，人口眾多，生活日益貧困，生活習俗的不同也遭到許多歧視與限制。〔註160〕

光武帝建武九年（33年），司徒掾班彪曾上言：

> 今涼州部皆有降羌，羌胡被髮左衽，而與漢人雜處，習俗既異，言語不通，數爲小吏黠人所侵奪，窮恚無聊，故致反叛。夫蠻夷寇亂，皆爲此也。……涼州部置護羌校尉，皆持節領護，理其怨結，歲時循行，問所疾苦。又數遣使驛通動靜，使塞外羌夷爲吏耳目，州郡

〔註155〕雷家驥，〈氐羌種姓文化及其與秦漢魏晉的關係〉，《中正大學學報》（人文分冊），1995：6，頁183。

〔註156〕《後漢書》，卷87，〈西羌傳第七十七〉，頁2878。

〔註157〕李吉和，〈秦漢時期羌族的內徙與經濟社會的變遷〉，《中南民族大學學報》（人文社會科學版），2003：3，頁101。

〔註158〕楊秀清，〈論東漢對羌族的政策〉，《青海社會科學》，1995：5，頁82。

〔註159〕李三謀，〈東漢王朝的邊疆經略〉，《中國邊疆史地研究》，1997：3，頁28。

〔註160〕汪波，《《後漢書》與羌族史研究》，《西南民族學院學報》（哲學社會科學版），1996：2，頁95。

因此可得儆備。今宜復如舊，以明威防。〔註161〕

邊境郡縣官吏和地方豪強肆無忌憚地虐待羌人，殘酷地搜括、侵凌和奴役羌人，使得原本的屯田以及徙羌入漢境的正面意義，開始遭遇到嚴重的扭曲，與族群交流融合的原始意義背道而馳，原先的"徙羌"也變成是政治壓迫的一種表現。〔註162〕

　　其實羌人對於嚴明公正的邊吏，無不由衷敬仰，例如在《後漢書》卷65〈皇甫規傳第五十五〉中的記載：

規到州界，悉條奏其罪，或免或誅。羌人聞之，翕然反善，沈式大豪滇昌、飢恬等十餘萬口，復詣規降。〔註163〕

又《後漢書》〈張奐傳〉中也有感化羌人的例子：

羌豪帥感奐德，上馬二十四匹。先零酋長又遺金鐻八枚，奐並受之。而召主簿於諸羌前，以酒酹地曰：「使馬如羊不以入廄，使金如粟不以入懷」。悉以金、馬還之。羌性貪而貴吏清，前有八部都尉率好財貨，爲所患苦。及奐正身絜己，威化大行。〔註164〕

這反映了一般羌人入塞所抱持的基本願望：安飽之外尚求吏治清明，在這樣的邊吏管轄下，既使偶有不愉快事件，也不致惡化爲亂事；若一旦遇到偏酷的或不能潔身正己的邊吏，則往往由於措施不當而釀成大亂。〔註165〕所以我們歸咎其因，以漢朝的立場而言，徙羌入境的政策本身沒有錯誤，不過卻是在執行層面上出現了問題，又吏治敗壞的背後，實際上也隱藏著東漢政治逐漸腐敗的問題，〔註166〕也就是本文上一章提到的外戚、宦官交相亂政所導致的後果。

　　另外，強迫羌人隨征西域，也釀起了另一波的反抗。之前我們曾提到東漢對外關係，善用"以夷制夷"的策略，〔註167〕對於羌族也不例外。安帝永

〔註161〕《後漢書》，卷87，〈西羌傳第七十七〉，頁2878。
〔註162〕楊永俊，〈對東漢"羌禍"的重新審視〉，《西北史地》，1999：1，頁11。
〔註163〕《後漢書》，卷65，〈皇甫規傳第五十五〉，頁2133。
〔註164〕《後漢書》，卷65，〈張奐傳第五十五〉，頁2138。
〔註165〕管東貴，〈漢代的羌族（下）〉，《食貨月刊》，復刊第一卷，第二期，1971：5，頁92。
〔註166〕管東貴，〈漢代處理羌族問題的辦法的檢討〉，《食貨月刊》，復刊第二卷，第三期，1972：6，頁134。
〔註167〕曾九江，〈論東漢"以夷制夷"的邊防政策〉，《江西廣播電視大學學報》，2005：3，頁22。

初元年（107 年）夏，漢安帝遣騎都尉王弘強迫征發金城、隴西、漢陽三郡羌人隨征西域，羌人因害怕遠征無歸還恐遙遙無期，走到酒泉時便相率潰散，漢政府命各郡縣發兵剿擊逃散的羌人，破壞沿途羌人的房屋村落，羌人於是被迫反抗：

> 時羌歸附既久，無復器甲，或持竹竿木枝以代矛，或負板案以爲楯，
>
> 或執銅鏡以象兵，郡縣畏懦不能制。〔註168〕

羌人多次打敗漢軍，朝廷雖派遣車騎將軍鄧騭等前往鎮壓，但也被羌人擊敗。羌族在戰爭中也逐步聯合起來，組成了強大的武裝力量，形成"眾遂大盛"，甚至向漢朝反攻，攻殺漢中太守，打得"朝廷不能制"〔註169〕。可見，不當的利用邊族軍力，也可能因爲控馭不當而適得其反。

到了東漢的中後期的統治者，既對西羌缺乏安撫，沒有預防邊患的目光，又對已經形成的羌人反叛缺乏積極的應付手段和成功的戰略實施，於是在血腥鎮壓不能完全奏效時，便採取消極的收縮政策和逃跑方式。〔註170〕從安帝開始，棄邊之議大作，議棄之地幾乎包括當時整個的西北區域。安帝永初四年（110 年），羌人勢盛，銳不可當，曾引發朝臣論戰，主張棄邊的是當時的車騎將軍鄧騭，他認爲："軍役方費，欲棄涼州，並力北邊"；虞詡認爲棄邊之議萬萬不可，並振振有詞地反駁：

> 今憚小費，舉而棄之。涼州既棄，即以三輔爲塞；三輔爲塞，則圍
>
> 陵單外，此不可之甚者也。諺曰：「關西出將，關東出相」，觀其習
>
> 兵壯勇，實過餘州。今羌胡所以不敢入據三輔，爲心腹之害者，爲
>
> 臣屬於漢故也。〔註171〕

王符《潛夫論》〈邊議論〉裡，一針見血的指出棄邊之根本原因爲何：

> 太守令長畏惡軍事，皆以素非此土之人，痛不著身，禍不及我家，
>
> 故爭郡縣以內徙。至遣民吏發民禾稼，發徹屋室，夷其營壁，破其
>
> 生業，強劫驅掠，與其內入，捐棄羸弱，使其死處……民既奪土失
>
> 業，又遭蝗旱饑饉，逐道東走，流離分散……饑餓死亡，復失太半。
>
> 邊地遂以丘荒，至今無人，原禍所起，皆吏過耳。〔註172〕

〔註168〕《後漢書》，卷87，〈西羌傳第七十七〉，頁2886。
〔註169〕同上註。
〔註170〕李三謀，〈東漢王朝的邊疆經略〉，《中國邊疆史地研究》，1997：3，頁29。
〔註171〕《後漢書》，卷58，〈虞詡傳第四十八〉，頁1866。
〔註172〕王符，《潛夫論》，〈實邊議第二十四〉，台北：三民書局，1998，頁276。

將領以及邊吏畏惡軍事，畏懼戰爭、更畏懼敵人，放棄守土保民的責任。領導地方政府的邊吏心存畏懼，貪生怕死，對聲勢日盛的羌寇，便感束手無策，只有退避內徙。〔註173〕

東漢王朝爲了抵禦羌患，軍事耗費相當可觀，幾乎嚴重到"府帑空竭"的地步，特別是安帝永初年間，眾羌在西州的叛亂，以及順帝永和末，羌胡"大寇三輔"，屢屢耗竭府庫，再加以羌患造成局勢的不安，可以說是嚴重地動搖國本。桓帝永康元年（167 年），從護羌校尉段熲上言桓帝的內容中可得知：

> 伏計永初中，諸羌反叛，十有四年，用二百四十億；永和之末，復經七年，用八十餘億。費耗若此，猶不諸盡，餘孽復起，于茲作害。
> 〔註174〕

在桓帝之前，東漢討伐西羌所用的金錢，前後已用去三百二十餘億，財政負擔相當沉重，已成爲一種外在的壓力與內在的損耗。

桓帝延熹二年（159 年），燒當、燒何、當煎、勒姐等八羌入寇隴西、金城一帶，聲勢頗爲浩大。延熹四年（161 年），東西羌〔註175〕叛亂範圍更大，隴西郡的零吾羌、先零羌合並進攻三輔，朝廷遣度遼將軍皇甫規、中郎將張奐連年招降，但諸羌仍叛服無常。到了延熹六年（163 年），情況更爲嚴重，"寇勢轉盛，涼州幾亡"〔註176〕，朝廷再度起用主剿派的段熲爲護羌校尉。

延熹七年（164 年），段熲以威迫、利誘兩手策略，使滇那等三千落降漢，〔註177〕隔年又出擊勒姐羌與燒當羌，經過數次鏖戰，終將西羌給鎮壓下去。延熹九年（166 年），鮮卑入塞並與東羌定盟，上郡沈氏羌、安定先零羌又攻打武威、張掖二郡，沿邊多爲殘破。永康

〔註173〕闞鑄曾，〈兩漢的羌患〉，《政治大學學報》，1966：12，頁 209。《後漢書》〈西羌傳〉提到：「羌既轉盛，而二千石、令、長多內郡入，並無守戰意，皆爭上徙郡縣以避寇難。朝廷從之，遂移隴西徙襄武，安定徙美陽，北地徙池陽，上郡徙衙。」

〔註174〕《後漢書》，卷 65，〈段熲傳第五十五〉，頁 2148。按此敘述可知，以東漢一朝用在對付羌患的軍費而論，在安帝永初年間，已耗軍費 240 餘億；順帝永和末期，也耗費了 80 餘億。

〔註175〕尚新麗，〈秦漢時期羌族的遷徙及社會狀況〉，《南都學壇政》（哲學社會科學版），1997：5，頁 5。引注《通鑑》〈漢紀〉云「羌居安定、北地、上郡、河西者，謂之東羌；居隴西、漢陽延及金城塞外者，謂之西羌」。意即東羌僅僅是爲了區別金城和隴西塞外的羌人而已。

〔註176〕同註 174，頁 2147。

〔註177〕徐難于，《漢靈帝與漢末社會》，頁 140。

元年（167 年），羌復攻三輔，對京畿造成嚴重威脅，桓帝詔問段熲治羌方法，段熲提出對羌攻伐，且必須趕盡殺絕，以杜絕"羌患"的主張：

> 臣以爲狼子野心，難以恩納，執窮雖服，兵去復動。唯長矛挾脅，
> 白刃加頸耳。……今若以騎五千，步萬人，車三千兩，三冬二夏，
> 足以破定，無慮用費爲錢五十四億。如此，則可令群羌破盡，匈奴
> 長服，內徙郡縣，可反本土。〔註178〕

段熲的鎮壓策略，得到了桓帝了認可，可見東漢政府對於羌民起義的政策始終是以鎮壓爲主的。〔註179〕這樣的方針也延續至靈帝朝，在建寧元年（168 年），再度對羌人進行追擊補殺，也引發了朝廷對羌政策的論戰，尤以中郎將張奐主張招降、善待羌人，〔註180〕但隨著段熲伐羌的勝利，使得"主剿"立場得到廷上的支持，並得到當時臨朝竇太后的嘉獎，封段熲爲"破羌將軍"〔註181〕，如此一來，更加強了段熲擊羌的信念。建寧二年（169 年），靈帝一面遣馮禪招降，另一方面又令段熲繼續擊剿羌族，並對東羌進行屠殺，於是東羌的反叛也告平定。

雖然羌亂到此告一段落，但從整個羌族問題上去看，漢朝在戰場上的勝利，只能算是解決了局部的枝節性的問題，對於根本性的及通盤性的羌族問題，如塞外羌寇以及由廣大區域的羌漢雜居所引起的問題，則仍然未能解決，漢朝在戰場上雖贏，但亦付出了重大代價〔註182〕。更重要的是，未妥善對待羌族，寇亂問題仍未得到根本的因應與解決。

羌亂問題稍得平息的同時，朝廷內部又爆發了第二次的黨錮之禍（見第二章、第一節），朝中政治黑暗，宦官掌權亂政，民生甚爲困苦。又靈帝中平元年（184 年），在關中爆發了全國性大規模的黃巾民變，北地郡的先零羌與枹罕河關群盜又叛亂，這可視爲在農耕民族的衰弱或內亂時，便是游牧民族國家施行戰爭和征服的最好時機的最佳詮釋，〔註183〕更說明一味鎮壓羌族，

〔註178〕《後漢書》，卷 65，〈段熲傳第五十五〉，頁 2148。
〔註179〕楊秀清，〈論東漢對羌族的政策〉，《青海社會科學》，1995：5，頁 87。
〔註180〕田繼周，《秦漢民族史》，頁 311。
〔註181〕《後漢書》，卷 65，〈段熲傳第五十五〉，頁 2149。
〔註182〕管東貴，〈漢代處理羌族問題的辦法的檢討〉，《食貨月刊》，復刊第二卷，第三期，1972：6，頁 137。
〔註183〕蕭啓慶，〈北亞游牧民族南侵的各種原因的檢討〉，收錄於《中國通史論文選》，台北：華世出版社，1979，頁 165。作者引用陳寅恪所說的中國與外族盛衰的連環性；賴德懋所說中國的中央化和地方化與遊牧社會的分散與集中兩個循

雖獲至短暫勝利，但若就長遠的眼光來看，這並非良策。

漢朝始終沒有從長遠的利害關係上著眼去建立一個處理羌漢關係的政策，[註184]因此，范曄在《後漢書》〈西羌傳〉論中明確指出"羌雖外患，實深內疾，若攻之不根，是養疾病於心腹也。惜哉寇敵略定矣，而漢祚亦衰焉。[註185]"東漢自光武帝以來歷時百餘年的羌亂，雖在靈帝朝告一段落，但東漢的國力也因此而消耗殆盡。此時的靈帝朝，在政治上因宦官亂政而黑暗腐敗，對外關係上也處於邊患威脅不斷的危機當中，中央政府不僅過度使用民力，地方的豪強對人民也是極盡地壓榨欺凌，在內外交相漁肉百姓的情況下，又逢天災流行，導致飢荒四起、民不聊生，於是人民不斷起來進行反抗，終於爆發了全國性反政府的民變運動。

【表3-1】羌族種別名稱表

種別名稱	名稱由來	出　處	備　註
1. 南山羌	南山，地名，即祁連山	史記大宛列傳大月氏條	
2. 偌羌		漢書西域列傳上偌羌國條	王先謙補註：「御覽引說文『羌』，西偌羌戎，牧羊人……韋元成傳云，起敦煌，酒泉，張掖，以鬲偌羌，裂匈奴之右臂。羌種繁多，單舉偌言，知當時為諸羌首帥。」
3. 大種赤水羌	赤水地名	漢書西域列傳下，車師後城長國條	
4. 五谿種羌		後漢書來翕傳	
5. 罕	（罕似為地名）	後漢書趙充國傳	
6. 开	（开似為地名）	後漢書趙充國傳	又分大开小开
7. 先零羌		後漢書趙充國傳及西羌傳	
8. 犛牛種羌		後漢書西羌傳	越巂羌
9. 白馬種羌		後漢書西羌傳	廣漢羌

環的相互呼應；以及陶恩彼所說的定居社會的內在失調足以將遊牧民族拉進來，都是同義的理論。

〔註184〕《後漢書》，卷65，〈段熲傳第五十五〉，頁2149。
〔註185〕《後漢書》，卷87，〈西羌傳第七十七〉，頁2900。

10. 參狼種羌		後漢書西羌傳	武都羌
11. 研種羌	研人名爰劍曾孫	後漢書西羌傳	
12. 封養種羌		後漢書西羌傳	
13. 牢姐種羌		後漢書西羌傳	
14. 燒當羌	燒當人名研十三世孫	後漢書西羌傳	燒當羌居大小榆谷，附近土地肥美。
15. 杉姐羌		後漢書西羌傳	
16. 罕滇羌		後漢書西羌傳	
17. 當闐種羌		後漢書西羌傳	
18. 累姐種羌		後漢書西羌傳	
19. 燒何種羌		後漢書西羌傳	
20. 滇零羌	滇零人民 121 年歿	後漢書西羌傳	先零別種
21. 鍾羌		後漢書西羌傳	
22. 勒姐種羌		後漢書西羌傳	
23 當煎種羌		後漢書西羌傳	
24. 牢羌		後漢書西羌傳	
25. 效功種羌		後漢書西羌傳	
26. 虔人種羌		後漢書西羌傳	
27. 全無種羌		後漢書西羌傳	
28. 沈氏種羌		後漢書西羌傳	
29. 傅難種羌		後漢書西羌傳	
30 鞏唐種羌		後漢書西羌傳	
31. 罕種羌		後漢書西羌傳	
32. 鳥吾種羌		後漢書西羌傳	
33. 唐旄種羌		後漢書西羌傳	
34. 大牂夷種羌		後漢書西羌傳	
35. 東羌		後漢書西羌傳、張英傳、段潁傳、皇甫規傳。	
36. 西羌		後漢書西羌傳及段潁傳	

此表摘錄自管東貴，〈漢代處理羌族問題的辦法的檢討〉，《食貨月刊》，復刊第二卷，第三期，1972：6，頁 129。

【圖 3-1】東漢時期形勢圖

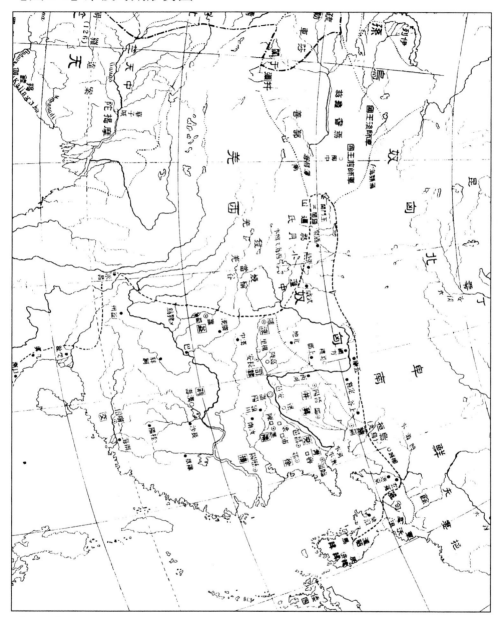

【附記】本圖轉引自箭內互、和田清原著（日本），李毓澍編譯，《中國歷史地圖集》（台北：九思出版社，1977），第八圖。

第四章　社會經濟的衰敗與失序

　　東漢社會經濟的安定，可以說從明帝、章帝以來經濟漸趨恢復與繁榮，隨著農村經濟的復甦，商業亦跟著發達起來，可是人民的生活並未因此而受惠和改善，其原因在於商業資本的不斷累積，使得官商豪強財富集中以及土地兼併的情況再度惡化，貧富之間的差距愈來愈大，豪族勢力迅速地擴張與發展，因而造成農民慘遭剝削，成為大量的流民。

　　另外，上一章所論及的外患問題（特別是西羌），除了造成朝廷財政沉重的負擔外，也加速了農村經濟安定之破壞，而在內政方面，如同第二章所討論述，自安帝、順帝以後，外戚、宦官爭權傾軋，東漢後期的政治也更加地腐敗，又加上豪族地主不斷兼併土地，農民破產且流離失所，便造成農民對政府的不滿，這些破產的農民，不得不在社會上遊蕩，這股飢餓的流民，人數越來越多，規模也越來越大。

　　特別是東漢末年天災不斷，飢荒四起且民不聊生，加上當時政治污濁敗壞，在人心思變的情況下，於是人民不斷起來進行反抗。終於在靈帝中平元年（184 年），鉅鹿人張角藉「太平道」治病傳教，號召農民達數十萬眾，這群太平道的信徒們在張角的指揮下，蜂湧而至，燒毀所在地的官府，攻掠各個城鎮，於是爆發了為數十餘萬人的「黃巾民變」，為靈帝政權帶來前所未有的衝擊與挑戰。

第一節　社會經濟的窘境與惡化

　　政治清明或腐敗，最為悠關重要的是朝廷正常運轉，以及上層士人階級對於中央政府的向心力，而民生經濟的良窳，卻足以牽動整個中下階級的人民百姓，並且影響著大環境安定或動亂的根本因素。

秦亡漢興，自漢初以來，秉持與民休養生息的黃老治術，在政治、經濟各方面採行放任政策，於是經濟漸趨復甦，富商大賈隨即興盛，且十之八九都是由鹽鐵起家〔註1〕，到了武帝時，因為商業資本已過度膨脹，以及當時對匈奴用兵的開支甚鉅，於是將鹽鐵收歸國營，桑弘羊的均輸、平準配合國營事業的方法，便是一種澈底的抑商政策，〔註2〕雖然桑弘羊達到籌款與抑商的目的，協助武帝完成了拓邊的大業，但是沒能達到矯正經濟社會問題的目的。〔註3〕這樣的政策雖有一時之效，但商業資本的活動則繼續進行著，特別是工業生產無法進行投資之際，於是資本在農村中的活動不外是收買土地，經營高利貸，及囤積農產物，用以操控物價等。〔註4〕

向來在中國農業社會的傳統觀念裡，如同《大學》提到：「有土斯有財」的說法，擁有土地不但可以作為子孫萬世的最佳產業，投資土地更可作為保存其財富價值的方法。〔註5〕因此土地兼併的結果就是大量土地皆集中於少數人之手，有能力進行、兼併收買土地者，不外是達官權貴以及富商大賈，官商交相強佔農民土地的現象，越來越普遍，例如在《漢書》卷 11〈哀帝紀〉中有這樣一段記載：

> 綏和二年（前 7 年）哀帝詔曰：「制節謹度以防奢淫，為政所先，百王不易之道也。諸侯王、列侯、公主、吏二千石及豪富民多畜奴婢，田宅亡限，與民爭利，百姓失職，重困不足。其議限列。」有司條奏：「諸王、列侯得名田國中，列侯在長安及公主名田縣道，關內侯、吏民名田，皆無得過三十頃。諸侯王奴婢二百人，列侯、公主百人，關內侯、吏民三十人。年六十以上，十歲以下，不在數中。賈人皆不得名田、為吏，犯者以律論。諸名田畜奴婢過品，皆沒入縣官。」〔註6〕

〔註1〕 何茲全，〈漢魏之際的社會經濟變化〉，《社會經濟戰線》，1979：4，頁 141。
〔註2〕 傅築夫，〈由漢代的經濟變動說明兩漢的興亡〉，《文史雜誌》，1944：5、6，頁 8。
〔註3〕 韓復智，〈兩漢經濟問題的癥結〉，收於《中國通史論文選輯》，台北：臺灣書局，1969，頁 375。
〔註4〕 同註2。
〔註5〕 韓復智，〈東漢的土地問題〉，收於《漢史論集》，台北：文史哲出版社，1980，頁 152。
〔註6〕 《漢書》，卷11，〈哀帝紀〉，頁 336。

可見當時的達官以及富豪兼併土地、畜養奴婢的情形已相當普遍，也引起了朝廷的注意。

這股勢力影響的層面相當廣泛，無論在政治、經濟、社會……等方面，都漸漸地呈現出舉足輕重的地位，這股強大的勢力，我們稱之爲"豪族"〔註7〕。豪族的形成，大抵不外（一）皇室后族、皇帝外家、公主，以及公卿或宦官之家族，（二）地方上的大地主，（三）當地人口眾多之族。〔註8〕到了西漢晚期，豪族的發展勢力已漸次地超出統治階級所能抑制的範圍，社會內在的矛盾已經完全暴露出來，〔註9〕財大氣粗、欺壓人民百姓的惡行惡狀，在史料中屢見不鮮，例如：

> 神爵（宣帝時）中……大姓西高氏、東高氏，自郡吏以下皆畏避之，莫敢與牾，咸曰：「寧負二千石，無負豪大家。」賓客放爲盜賊，發，輒入高氏，吏不敢追。浸浸日多，道路張弓拔刃，然後敢行，其亂如此。〔註10〕

更甚者，根本不把地方政府看在眼裡，中央對於這些地方豪強也是莫可奈何，又如：

> （成帝時）長安宿豪大猾東市賈萬、城西萬章、翦張禁、酒趙放、杜陵楊章等皆通邪結黨，挾養姦軌，上干王法，下亂吏治，并兼役吏，侵漁小民，爲百姓豺狼。更數二千石，二十年莫能禽討。〔註11〕

直到王莽的代漢建新，實行社會理想的具體化改革，特別是限制士族大姓〔註12〕

〔註7〕　崔向東，《漢代豪族研究》，武漢：崇文書局，2003，頁13。作者認爲豪族的概念，在於"豪"突出了豪族所具有的強力性，即豪族擁有政治權力、經濟勢力和軍事勢力；"族"突出了豪族所具有的宗族性、社會性。另外，楊聯陞先生在〈東漢的豪族〉一文中認爲：「所謂豪族，並不是單純的同姓同宗的集團，是以一個大家族爲中心，而有許多家或許多單人以政治或經濟的關係依附著的，這樣合成一個豪族單位。」毛漢光，《中國中古社會史論》，台北：聯經出版公司，1997，頁84。對於豪族轉變爲士族化的過程，認爲：「豪族由武質團體而兼及文章世家、由地方性人物而中央人物、由社會而兼具政治性、經濟性而形而上的趨向。」

〔註8〕　勞榦，〈漢代文化概述〉，《勞榦學術論文集甲編》，台北：藝文印書館，1976，1375頁。

〔註9〕　傅安華，〈東漢社會之史的考察〉，《食貨半月刊》，第三卷，1936：10，頁14。

〔註10〕　《漢書》，卷90，〈嚴延年傳〉，頁3668。

〔註11〕　《漢書》，卷76，〈王尊傳〉，頁3234。

〔註12〕　同註7，頁135、141。對於豪族在不同時期的發展中，第一期：在漢初到武帝期間，可視爲各游離勢力逐漸融入國家權力結構中，並遵從主權所支配的

在政治、經濟上的過度擴張，這種限制後來便具體化為復井田與禁奴婢，因為土地兼併與奴婢買賣為當時士族大姓勢力發展的重要指標。〔註 13〕

王莽的改革，已嚴重地衝擊到為數已眾的既得利益團體，也就是豪族的自身利益，新朝當時政府初建而力量不夠，官吏品行更差，制度朝令夕改，人民無所適從，加以用人不當，長吏貪瀆為奸，結果弄得天下騷然，人人叫苦，加上匈奴入寇，天下旱蝗，「富者不能自保，貧者無以自存」，紛紛起來革命，王莽的政權終於被地主軍與農民軍合起來推翻了，〔註 14〕從王莽失敗的例子來看，雖然敗亡的因素很多，在過程當中可以看出，最關鍵的原因在於王莽的治國政策不符合豪族的利益，豪族不但不予以支持且群起反對，豪族的勢力強大，大到足以左右當時的政局。

新朝之後的東漢政權可說是依靠豪族力量建立起來的，光武帝的建國，是地主政權即豪族政權的確立。〔註 15〕光武帝劉秀即出身南陽大族，成就他建立東漢政權的功臣親戚，也是豪族，這也意味著東漢政權的建立，在本質上必須維護豪族的利益，但是豪族兼併土地與擁兵自重的問題，又和集權政府衝突，豪強大族的勢力就更加惡性膨脹。因此，光武在未得政權以前，不能不拉攏豪族，而既得政權以後，又不能不抑制豪族。〔註 16〕

這樣的社會矛盾與衝突，光武帝確只是採用敷衍的政策來緩和，其政策的要旨是：維持現有的生產方法及剝削關係，而對被剝削者施以小惠，來緩和階級鬥爭。〔註 17〕也可以說是一方面對於農民實行減稅；另一方面對於豪族略加抑制，〔註 18〕例如為了解決國家財政困難，與豪族地主爭奪勞動人手，光武帝透過度田和清查戶口，試圖破壞豪族地主的田庄經濟，〔註 19〕但沒想到這樣的舉動卻嚴重地觸犯到豪族的利益，因而產生了劇烈的反彈，甚至造

秩序。第二期：武帝到王莽時期，則是豪族的官僚化與世官化。第三期：東漢建立以後，豪族開始呈現出「士族化」的特色。

〔註 13〕 余英時，〈東漢政權之建立與士族大姓關係〉，《中國古代知識階層史論》，台北：聯經出版公司，1989，頁 131。

〔註 14〕 楊聯陞，〈東漢的豪族〉，《清華學報》11：4，1936。收於《中國通史論文選輯》，台南：久洋出版社，1985，頁 239。

〔註 15〕 同上註，頁 245。

〔註 16〕 薩孟武，《中國社會政治史》一，頁 348。

〔註 17〕 傅安華，〈東漢社會之史的考察〉，《食貨半月刊》，第三卷，1936：10，頁 17。

〔註 18〕 同註 15。

〔註 19〕 毛英萍，〈東漢後期社會分裂原因略探〉，《瀋陽教育學院學報》，2002：9，頁 39。

成了叛變，例如建武十六年（40 年）的舉措：

> 秋九月，河南尹張伋及諸郡守十餘人，坐度田不實，皆下獄死。郡
> 國大姓及兵長、群盜處處並起，攻劫在所，害殺長吏。郡縣追討，
> 到則解散，去復屯結。青、徐、幽、冀四州尤甚。〔註20〕

叛亂雖遭平息，但也顯示出豪族勢力之強大，於是在郡國大姓的反對下，光武帝只好向豪強地主屈服，不再進行查田核戶的工作。由此觀之，光武帝雖有抑商之企圖，但在程度上卻是遠不及西漢時期之嚴格，原因就是東漢政權是由豪族支持與建立的本質，況且朝廷的重要官職，甚至王室嫁娶所形成的外戚集團，皇后以及大將軍等權貴，都已被世家豪族所世襲與壟斷，因此東漢的豪族已開始發展出“地主”、“官僚”、“商人”三位一體〔註21〕的本質與特色，這樣全面性的勢力發展，中央對他們的約束力也就更加地薄弱，使東漢一代始終未再實行激烈的抑商政策。

　　朝廷對社會經濟秩序已失去最基本的控制能力，一方面是東漢王朝經濟體系的解體，國家財政日益困難，廣大勞動人民日益貧困破產、流亡；另一方面是地方豪強的經濟勢力日益擴張，社會財富高度集中在官僚豪族集團手中。〔註22〕如東漢的政論家仲長統所描述豪族之奢華景象：

> 豪人之室，連棟數百，豪田滿野，奴婢千群，徒附萬計。

> 船車賈販，周於四方；廢居積貯，滿於都城。琦賂寶貨，巨室不能
> 容；馬牛羊豕，山谷不能受。……三牲之肉，臭而不可食；清醇之
> 酎，敗而不可飲。〔註23〕

不但財大氣粗，更集官、商之權貴，目無法紀，聚眾而勢盛：

> 井田之變，豪人貨殖，館舍布於州郡，田畝連於方國。身無半通青
> 綸之命，而竊三辰龍章之服；不爲編戶一伍之長，而有千室名邑之
> 役。榮樂過於封君，執力侔於守令。財賂自營，犯法不坐。刺客死
> 士，爲之投命。〔註24〕

以政治層面的影響來看，豪族的坐大已嚴重削弱了中央集權，如同本文第二

〔註20〕　《後漢書》，卷 1 下，〈光武帝紀第一下〉，頁 66。
〔註21〕　曹金華，〈論東漢的非抑商政策〉，《江蘇社會科學》，1995：5，頁 100。
〔註22〕　毛英萍，〈東漢後期社會分裂原因略探〉，《瀋陽教育學院學報》，2002：9，頁
　　　　　39。
〔註23〕　《後漢書》，卷 49，〈仲長統傳第三十九〉，頁 1648。
〔註24〕　《後漢書》，卷 49，〈仲長統傳第三十九〉，頁 1651。

章裡提到豪族之中，許多因為經學世家之故而形成了累世公卿，且更進一步地控制東漢的選舉大權，即察舉徵辟制以及任子制，並透過故舊報恩、權門請託而世代為官，勢力相當地龐大，因為經學之故，豪族因此兼俱了"士族"的特殊身份與色彩。〔註25〕而若以國家經濟層面的影響來看，隨著豪族土地兼併的加劇、田庄經濟的發展，大批自耕農漸趨破產。世族豪強便乘機大肆脅迫或招誘農民變成依附性很強的宗族、賓客、徒附和奴隸，為他們在田裡勞作。這些田庄的依附民脫離了封建國家的戶籍，變成了地主的私人戶口，與封建國家不發生賦役關係，意即東漢政府的賦役來源日益枯竭，國家的經濟基礎遭到嚴重的破壞。〔註26〕

非僅如此，豪強更以自身雄厚的經濟實力，來進行強大的宗族武裝勢力，特別在動亂的時代，宗族相互扶助的意識就更強烈，組織武裝，修建"塢壁"〔註27〕，共同自衛，成為這種社會環境下宗族的救助特點。〔註28〕東漢後期，崔寔著有《四民月令》一書，其中對於中原地區特別是洛陽一帶的豪強田庄，有極為深刻詳盡的記載，說明地主田庄裡種有許多種類的穀物、蔬果、竹木、藥材和其他經濟作物，並飼養各種牲畜，還有養蠶、織縑帛麻布、染色、制衣鞋、制藥、釀酒、作醬等手工業，可見豪強地主在田庄內經營各種經濟事業，又興辦教育培養管理人員，還在庄園內修造武器，豢養大量耕戰結合的私家軍隊，〔註29〕這些景象都已明確顯示出見塢壁已達到自給自足的程度，並且成為中央管轄體制外的地方政治實體。

政治和武裝力強大的強宗豪族，在地方上為所欲為，擾亂社會治安，破壞社會秩序。豪強所建立的塢壁、塢堡，在亂世之皇權極度衰微時，便成為自給自足且進可攻、退可守的私人武裝據點，且紛紛地走上了割據混戰的道路。〔註30〕

豪族勢力的不斷發展，其嚴重的後果是造成農民大量破產，除了上述淪

〔註25〕崔向東，《漢代豪族研究》，頁141。
〔註26〕邱實，〈簡評東漢世族豪強〉，《益陽師專學報》，1996：2，頁61。
〔註27〕易毅成，〈東漢、三國華北戰時聚落的分布與其環境特色————論「塢壁」的初期演變〉，《屏東師院學報》，1996：5，頁475。作者認為：三國以前，「塢壁」不應泛指一般的宗親部曲的武裝聚落，為延續東漢以來，屬官方性質的山地防戍體系的一環。在本文的定義則屬於前者。
〔註28〕張鶴泉，〈東漢宗族組織試探〉，《中國史研究》（北京），1993：1，頁14。
〔註29〕辛夫，〈東漢後期社會分裂原因初探〉，《歷史教學》，1988：7，頁6。
〔註30〕崔向東，《漢代豪族研究》，頁141。

為豪族的賓客、徒附或者奴隸之外，便可能成為"流民"〔註31〕。其實在兩漢四百年間，人民流亡一直不斷，特別是東漢的流民可說是連年不斷，遍及漢帝國各地。而史書上記載流民總是和蝗旱、水潦、比歲不登等聯繫在一起。這自然是實在情況，但這只是事實的一面，而不是全面。商人兼併農民加上國家租稅徭役負擔沉重，是農民流亡原因的另一面，而且才是從生產關係中產生流民的主要原因。〔註32〕

因此，地主豪族的勢力越來越雄厚，商人資本越發展，他們所加諸於小農身上的經濟剝削就越大，小農就越破產，這樣輾轉地進行，隨著年月的增加，非把小農都轉化為流民激起暴動不可〔註33〕。飽受迫害的農民這時以成為豪族地主的對立面，強烈地存在反豪族心理。〔註34〕頓失依靠的流民若轉化成激烈反抗政府的軍事力量，這便是當政者所最擔憂的，因此，安撫與安頓流民，即成為朝廷的當務之急。

東漢明、章之際，堪稱盛世，凡遭遇水旱發生，則常以公田賜與貧民。明帝時有載：

> 永平九年夏四月甲辰，詔郡國以公田賜貧人各有差。〔註35〕

章帝時，又曰：

> 元和三年二月壬寅告常山魏郡清河鉅鹿平原東平郡太守相曰，今肥田尚多，未有墾闢，其悉以賦貧民，給與糧種，務盡地力，勿令游手。所過縣邑，半入今年田租，以勸農民之勞。〔註36〕

和帝以後所遭逢的水旱災，只能賑給穀粟或減免租稅，而郡國欲穫豐穰虛飾之譽，往往不肯言災，為求考績而隱瞞災情，虛報戶口和墾田數字。然而賑給穀粟或減免租稅的用意雖好，但是政府賑給穀粟卻遭地方貪官污吏，終飽

〔註31〕李傳、雍際春，〈兩漢流民問題初探〉，《蘭州大學學報》，2001：1，頁20。作者歸納"流民的稱謂尚有："流人"、"流亡"、"流戶"、"流冗"、"流庸"等名目。同時也歸納流民產生原因有天然因素，即氣候變化所引起的天災：如水災、旱災、蝗災等。在人為因素上又可分成四個方面：一、苛吏暴政和負擔沉重，農民逼迫流亡。二、豪強兼併。三、為避戰亂。四、局部社會經濟優越之地對百姓吸引。本文是以人為因素的前兩項為流民產生之探討主因。
〔註32〕何茲全，〈漢魏之際的社會經濟變化〉，《社會經濟戰線》，1979：4，頁156。
〔註33〕傅安華，〈東漢社會之史的考察〉，《食貨半月刊》，第三卷，1936：10，頁23。
〔註34〕孫如琦，〈東漢的流民和豪強〉，《浙江學刊》，1993：3，頁108。
〔註35〕《後漢書》，卷2，〈顯宗孝明帝紀第二〉，頁112。
〔註36〕《後漢書》，卷3，〈肅宗孝章帝紀第三〉，頁154。

私囊；減免租稅卻只是地主豪強受惠，農民仍然須要繳納什五的佃租〔註37〕，沉重的稅賦一樣加諸在農民身上，不堪承受的即開始流亡他鄉。流民的層出不窮代表人民生命和財產的嚴重浩劫，以及社會生產力的嚴重破壞，不論是徵調從軍，或者是農村的勞動力銳減〔註38〕，以及政府的稅收減損等，其所帶來的負面效應是相當驚人的。

　　當朝廷未能妥善處理流民問題時，流民於是進一步聚眾轉化成盜匪，東漢的盜匪出現在安帝時代：

　　　　鐔險後亦知名，安帝時為豫州刺史。時天下飢荒，競為盜賊，州界
　　　　收捕且萬餘人。〔註39〕

安帝永初四年（110年），更有海賊公然挑戰皇權：

　　　　海賊張伯路復與勃海、平原劇賊劉文河、周文光等攻厭次，遣御史
　　　　中丞王宗督青州刺史法雄討破之。〔註40〕

就是因為當時社會貧富差距日漸懸殊，農民飢寒交迫，生活困難，卻見豪富奢靡享受，對於國家社會的無能與不公，自然心生仇恨，人民在尚未有組織的情況下，先投身於盜匪之中。流民出於求生的本能和對階級壓迫的反抗，他們的聚眾自保或小規模暴動，往往是大規模農民起義的前奏，故流民潮和農民起義在漢朝總是相伴存在的。〔註41〕

　　然而不僅是民間農民的破產，中央財政也因為歷代朝政的缺失而日漸枯竭。皇帝對貴族的賞賜不斷，特別是在和帝、安帝時外戚秉政掌權之際，因過度的賞賜而造成公帑不足，賞賜通常都是增封爵邑戶數，再就是大量的金錢和實物。〔註42〕中央財政則每下愈況，到了安帝時代已開始向民間借貸，順帝、桓帝時更為頻繁，桓帝末年又增加田賦，〔註43〕人民雪上加霜，痛苦不堪，王朝更陷於"田野空，朝廷空，倉庫空，是謂三空。"〔註44〕所謂的"三空之厄"的窘境。

〔註37〕　薩孟武，《中國社會政治史》一，頁430。
〔註38〕　傅築夫，〈由漢代的經濟變動說明兩漢的興亡〉，《文史雜誌》，1944：5、6，
　　　　　頁12。
〔註39〕　《後漢書》，卷76，〈循吏王渙列傳第七十六〉，頁2470。
〔註40〕　《後漢書》，卷5，〈孝安帝紀第五〉，頁214。
〔註41〕　李傳、雍際春，〈兩漢流民問題初探〉，《蘭州大學學報》，2001：1，頁24。
〔註42〕　林甘泉主編，《中國經濟通史》，秦漢經濟卷，頁880。
〔註43〕　薩孟武，《中國社會政治史》一，頁428。
〔註44〕　《後漢書》，卷66，〈陳蕃列傳第五十六〉，頁2162。

　　桓、靈之際因外戚與宦官的交相掌權亂政，也造就了地方上更多的地主豪強，他們的經濟勢力與政治勢力的結合，流毒遍及天下，造成民庶窮困，空竭國力的崩潰性惡果。〔註45〕此外，在上一章所提到的邊防問題也是朝廷的一大負擔，在桓帝之前，東漢討伐西羌所用的金錢，前後已用去三百二十餘億，財政負擔相當沉重，不但是國家外在的壓力，且更是一種內在的損耗。

　　東漢後期面臨這般土地兼併嚴重的窘境，以及日趨明顯的社會階級對立，爲解決這些問題，一批儒者，如崔寔、荀悅、仲常統等提出了限田論。〔註46〕且都是爲了解決土地兼併造成過度集中的弊端，相關土地改革的意見可大致分爲兩種，茲以下表進行與說明：〔註47〕

【表4-1】限田與井田比較表

主　張	限　田	井　田
提倡者	東漢：荀悅	新朝：王莽 東漢：仲長統、崔寔
方　法	荀悅：「……宜以口數占田，爲之立限，人得耕種，不得買賣，以贍貧弱，以防兼併……。」認爲應以人口數來占田，並且嚴禁買賣，以防兼併。	仲長統：認爲在井田尚未實施以前，荒地的墾領應加以限制，以防兼併。 崔　寔：主張移民於寬地，使土廣人稀者不至草萊不闢，土狹人稠者不至欲耕無田。
共同處	都想要通過土地國有來解決土地兼併問題。	
難處與阻力	兼併開始之後不易實行，王公貴戚…等既得利益者的反對。	人眾之時不易實行，欲從豪強手中土地進行革新，則生紛亂，制度難行。

　　東漢晚期學者所提出的方法，終究敵不過豪強等既得利益者的強力反對，且沒有得到當權者的注意。歸咎其失敗的主要原因，在於政治上的統治者，實際上就是經濟上的統治者，他們總是永遠榨取被治者，以求滿足私慾。其次，在專制時代，無論多麼英明的君主，也決不會置皇親國戚及其作爲政

〔註45〕鄒紀萬，《秦漢史》，台北：眾文圖書公司，頁109。

〔註46〕羅康慶，〈東漢後期限田論辨析〉，《湘潭師範學院學報》，1995：1，頁56。

〔註47〕參酌韓復智，〈東漢的土地問題〉，頁162～163；以及羅康慶，〈東漢後期限田論辨析〉，頁58～59。

權支柱的官僚之利益於不顧的〔註 48〕所以他雖想使這對立的兩大階級維持均衡，但實際上還不免偏袒於治者，因而使得極少數為全民的福利，圖謀改革的學者和政治家的努力，終歸失敗。〔註 49〕

一但政府沒有辦法，或者說沒有意願去因應與提出解決抒緩之道，小規模的農民起義於是接踵而至，從順帝永建七年（132 年）到靈帝熹平元年（172 年）的四十年裡，農民起義從未間斷，共爆發三十多次，集中的地區首先是徐、揚、荊，其次是青、冀一帶。〔註 50〕而在能量得到聚集累積而無法漸次有效地釋放時，透過宗教組織所發動之黃巾民變的引爆，自然也不令人感到意外。

第二節　五斗米道與太平道的興起

一、東漢晚期宗教興起之背景

處於政治腐敗，社會黑暗以及民生困苦之際，人們的現實生活面陷入困頓，心靈層面更是需要有所寄託，"宗教"在這個時候便能發揮其安撫人心的功能，宗教於是廣為流行。如同上一節內容所述，東漢王朝是代表官僚、地主、商人三位一體的政權，豪強地主在政治上聚結宗族且收養賓客，控制選舉且爭權奪勢；在經濟上更是禍及小農百姓，他們憑藉權勢，致力於土地的兼併，貧富差距懸殊，人民不堪剝削欺凌，淪為豪強之依附民，再加上戰爭、天災、疫病不斷，人民飽受衝擊而顛沛流離，悽慘成為流民。

在階級明顯對立的社會裡，苦難的農民在宗教世界裡得到了解放，更得到了希望，不僅使教徒在這個世界找到精神的安慰，這些教徒便很容易地被組織、被動員起來，建立一個公平的、安樂的，以及理想化的神聖國度，宗教的領導者便引導他們投入擺脫暴政奴役的鬥爭中。又因為古代社會人民大多迷信鬼神，人們崇拜超自然的力量，特別是在封建統治者的殘酷壓榨下，往往把自己生存的希望寄託於神靈。因此，利用宗教神學發動農民革命具有較大的號召力。

〔註 48〕勞榦，〈戰國秦漢土地問題及其對策〉，《大陸雜誌》，第 2 卷，1951：5，頁 10。
〔註 49〕韓復智，〈兩漢經濟問題的癥結〉，收於《中國通史論文選輯》，台北：臺灣書局，1969，頁 382。
〔註 50〕羅康慶，〈東漢後期限田論辨析〉，《湘潭師範學院學報》，1995：1，頁 56。

　　對政治產生影響的神學理論，可以追溯到先秦時期的"五德終始說"〔註51〕，這種理論在當時更形成了一種特殊、神秘性質的"讖緯"〔註52〕之學，"五德終始"與"讖緯"的淵源都可以追溯至戰國時代的鄒衍，鄒衍把古代的陰陽、五行說雜揉起來，加以系統化，構建成一個龐大的思想體系，並且在秦時開始影響政治。〔註53〕

　　秦始皇統一六國後，進一步利用神權來強化自己的統治，同樣的，人民群眾也逐漸利用宗教神學來反對秦王朝的暴虐統治。〔註54〕例如在《史記》〈高祖本紀〉中提到"劉邦斬蛇起義，赤帝子殺白帝子的神話，預示劉邦必將奪取嬴秦天下。"〔註55〕劉邦順應五行之天意，代秦而建漢，可知宗教神學已開始成為發動、組織農民起義的有力工具。

　　在漢代首先提倡陰陽五行說的人物，是武帝時代的董仲舒，為神化武帝專制統治的需要，董仲舒便宣揚一套陰陽五行化的儒學。〔註56〕首先必須確保君權的合法性，最好的方法就是將君主予以神格化，於是大力宣揚"君權神授"，以君主的權力來自於天，君主代表上天治理人民；但另一方面又巧妙地提出一套"災異遣告說"，即"災異說"〔註57〕，是將《春秋》所記的

〔註51〕陳其泰，〈兩漢之際陰陽五行說和讖緯說的演變〉，《孔子研究》，1993：4，頁81。文中提到："五行"原指木、火、土、金、水五種物質，古代思想家企圖用日常生活習見的這五種物質來說明世界起源和各種自然現象。戰國時代便有"五行相生相勝"之說，來解釋自然界變化的道理。陰陽家鄒衍又把它附會到社會歷史範圍，提出"五德終始說"，借用五行相生相勝、終而復始的循環變化相比附，用來說明國家政權的更迭，朝代的變化。

〔註52〕鄒紀萬，《秦漢史》，頁81。文中提到讖緯之學的內容怪異，讖是一種預言式的文字或圖畫，以詭奇的隱喻道出未來的大事；緯取「與經相輔」之意，是假託經義以推究災祥的書，書名繁多，大多充滿神話，讖緯大都出於時人之手，而偽託為古人的製作。

〔註53〕王仲修，〈讖緯對秦漢政治的影響〉，《黑龍江教育學院學報》，2004：3，頁59。

〔註54〕冷鵬飛，〈秦漢農民起義與早期道教的形成〉，《湖南師範大學社會科學學報》，1992：6，頁71。

〔註55〕《漢書》，卷1，〈高祖本紀第一〉上，頁7。

〔註56〕同註53，頁55。

〔註57〕吳青，〈災異與漢代社會〉，《西北大學學報》（哲學社會科學版），1995：3，頁39。董仲舒認為陰陽、五行的異常變化即為災異，天以此來表達其意，並且把災異的原因歸之於政治得失，又將災異分成三個層次，即"災害"、"怪異"、"傷敗"來區分其嚴重性。又謝仲禮，〈東漢時期的災異與朝政〉，《中國社會科學研究生院學報》，2002：2，頁76。提到根據《後漢書》〈天文志〉與〈五行志〉中被視為災異的有近50種情況，其中有天文現象，如日食、

天災變異予以穿鑿附會的解釋，理論是上天以天災變異，作爲對君主施政臧否的提示與警告，用以制衡政治得失。

在董仲舒的災異論以及天人感應論的策動下，漢代皇帝發布了幾十次罪己求言詔，試圖以皇帝自省修德、恤民、求賢納諫、開通言路的方式，消弭天子與天帝之間的緊張狀況，〔註58〕卻實已經達到制衡皇權與施政得失的效果。這些理論的目的是利用陰陽五行說的思想材料，來把儒家所提的倫理、政治原則抬高到不可抗拒的自然規律的高度。〔註59〕

我們以較爲正面的角度來看待「天人感應」的政治哲學，是以天命爲政權的依據，以愛民、教民爲政治的目標，以天命靡常爲革命的依據，如此維持了中國君權政體至兩千年之久。〔註60〕但若就儒學發展的角度來看，災異思想與天人感應，使不多談鬼神災異的孔子學說變成充斥陰陽迷信鬼神的西漢"新儒學"，這樣的學說雖然在當時起到鞏固封建大一統的作用，但由於這位"一代儒宗"對陰陽災異大力提倡，導致了西漢後期陰陽五行的迷信思想盛行。〔註61〕

兩漢之際讖緯說更大肆泛濫，讖可以圖或文字來呈現，成爲神秘性預言，特別在西漢後期元、成、哀帝漢政漸衰之際，圖讖亦乘機大行其道，最後成爲王莽實現其政治野心的企圖，〔註62〕他在代漢之前曾言：

> 予以不德，托于皇初祖考黃帝之後，皇始祖考虞帝之苗裔，而太皇后之末屬。皇天上帝隆顯大佑，成命統序，符契圖文，金匱策書，神明詔告，屬予以天下民。兆赤帝漢氏高皇帝，之靈承天命，傳國金策之書，予甚祇畏敢不欽受！以戊辰直定，御王冠，即眞天子位定，有天下之號曰"新"其改正朔，易服色，變犧牲，殊徽幟，異器制。……服色配德上黃，犧牲應正用白，使節之旄幡皆純黃，其

慧星等，有地質災害，如地震、山崩、地陷等，有氣候性災害，如大雨、淫雨、乾旱、大風等，有病蟲災害，如蝗蟲、螟蟲、牛疫等，還有如服妖、射妖、謠、龍蛇孽等。

〔註58〕姜生，〈原始道教之興起與兩漢社會秩序〉，《先秦、秦漢史》，2001：2，頁70。

〔註59〕吳青，〈災異與漢代社會〉，《西北大學學報》（哲學社會科學版），1995：3，頁40。

〔註60〕勞榦，〈秦漢時期的中國文化〉，《大陸雜誌》，第38卷，1969：5，頁168。

〔註61〕陳其泰，〈兩漢之際陰陽五行說和讖緯說的演變〉，《孔子研究》，1993：4，頁81。

〔註62〕同上註，頁83。

　　署曰"新使五節"，咸以承皇天上帝威命也。〔註63〕

王莽順勢地利用當時流行的五德終始說，強調新朝是以土德（黃色）來代替漢朝的火德（赤色），〔註64〕並且巧妙地運用災異、圖讖神學來篡奪西漢政權，而反對王莽的人，也同樣利用讖緯神學編造種種蠱惑人心的流言，最後推翻王莽的劉秀，也借助讖緯神學的力量建立東漢政權，光武帝不但"宣布圖讖于天下"，更延續到整個東漢時期：

　　初，光武善讖，及顯宗（明帝）、肅宗（章帝）因祖述焉。自中興之
　　後，儒者爭學圖緯，兼復附以妖言。〔註65〕

光武帝中興漢室，以當時流行的陰陽五行的理論來看，是漢之赤德復興，而黃德之退隱民間，而黃德之退隱，也爲其在民眾中之復興準備了依據，〔註66〕黃德之伺機而動，能量於是累積至東漢末靈帝時期的黃巾民變（我們留待下一節討論）。

　　從整個西漢時期官方神學理論的建立，以及西漢後期社會危機的出現，已導致讖緯神學日益泛濫，並且一直延續到東漢時期，這樣的宗教迷信思維，也已滲入了社會各階層，也使得民間宗教活動更加頻繁，使整個社會瀰漫在宗教神學氣氛之中，因而促成了早期道教理論的初步形成，使農民起義兼收各種宗教神學思想和迷信觀念，用來號召組織甚至支配民眾進行政治鬥爭，〔註67〕以下我們分別介紹五斗米道與太平道的興起。

二、五斗米道的興起

　　中國的本土宗教——道教，在東漢晚期之際，也就是靈帝時期發展起來的東方"太平道"與漢中地區的"五斗米道"，二者被視爲是道教之中，較具系統與規模的源起，又稱之爲"原始道教"。〔註68〕

〔註63〕《漢書》，卷99上，〈王莽傳第六十九上〉，頁4095。
〔註64〕姜生，〈原始道教之興起與兩漢社會秩序〉，《先秦、秦漢史》，2001：2，頁78。
〔註65〕《後漢書》，卷59，〈張衡傳第四十九〉，頁1911。
〔註66〕姜生，〈原始道教之興起與兩漢社會秩序〉，《先秦、秦漢史》，2001：2，頁79。
〔註67〕冷鵬飛，〈秦漢農民起義與早期道教的形成〉，《湖南師範大學社會科學學報》，1992：6，頁72。
〔註68〕姜生，〈原始道教之興起與兩漢社會秩序〉，《先秦、秦漢史》，2001：2，頁70。文中提到在道教發展史上，從西漢到魏晉，存在一個可以稱之爲"原始道教"的階段。葛洪是站在原始道教與正統道教的分水嶺的一個標志性人物。葛洪以後的道教思想家們，批判繼承原始道教思想，逐漸與大一統的國家政治相

　　關於原始道教與"巫"、"巫術"的關係密切，早在先秦時期，在政治上巫本來具有十分重要的地位，到了秦漢時期，因爲皇權的提高，巫的地位逐漸下降，但在民間，巫術卻繼續得到人們的信仰，在民間具有相當大的能量。〔註69〕這樣的能量，若再加上秦漢流行的五德終始說以及讖緯神學，將是成爲宗教領導者，對起義部眾最具影響力的號召與原動力。

　　在西漢武帝時，出現了道教最早的型態，《史記》〈封禪書〉中提到"方仙道"之稱，"道士皆言，子侯得仙，不足悲。"〔註70〕方仙道指的是方士與道士兩類，而方仙道在當時已具有一些宗教性的特點，對以後道教的形成有很大的影響。〔註71〕到了東漢時期，道士結合了當時流行的圖讖神學，並且成功地將黃老思想和神仙信仰緊密的結合，黃老已成爲宗教的名稱，叫做「黃老道」，〔註72〕黃老道是一種道派，黃老道之道士更因煉丹術以及求取長生不老之術，得到東漢統治者的青睞。

　　而道教各教派中創立最早的則是「五斗米道」，因入教者需交納五斗米作爲宗教的費用和累積而得名，史書則多稱之爲"米巫"、"米賊"。爲張陵於順帝漢安二年（143年）創立的，〔註73〕經過其子張衡、其徒張修以及其孫張魯等人不斷完善和發展，在巴郡、漢中地區成爲一股強大的宗教勢力（見圖4-1）。在《三國志》〈張魯傳〉記載：

　　　張魯字公祺，沛國豐人也。祖父陵，客蜀，學道鵠鳴山中，造作道

適應，並逐漸從拯救論向自救論轉變。修煉神仙的方法論中，越來越多地強調人的自身行爲的重要性，對原始道教的巫祝性內容進行合理化超越和提升。於是，神仙理想和現實社會之間，終於梳理出一種相對合理的關係。這是道教走向合理化也就是正統化的標誌，也是原始道教終結的標誌。

〔註69〕方詩銘，〈黃巾起義先驅與巫及原始道教的關係〉，《歷史研究》（北京），1993：3，頁3。

〔註70〕參見司馬遷撰，楊家駱主編，《史記》，卷28，〈封禪書第六〉，台北：鼎文書局，1979，頁1399，以下均採同樣版本。

〔註71〕林劍鳴，《秦漢史》，頁1047。

〔註72〕鄒紀萬，《秦漢史》，頁230。文中提到黃老思想本屬道家的政治學，西漢時期，神仙家的方士將黃老思想拿來與他們鼓吹的神仙和方術相結合，更將老子神化，竟成爲道教的始祖。

〔註73〕張仁鏡，〈試談張魯政權〉，《漢中師院學報》（哲學社會科學版），1987：1，頁69。道教始祖通常遵奉張陵爲祖師，但也有學者根據史料蒐集考證而持保留態度，認爲應該是張修創立道教，例如任繼愈先生在《中國道教史》所論述，鄭振邦先生的〈關於道教創立幾個問題的辨析〉，以及冷鵬飛先生的〈秦漢農民起義與早期道教的形成〉，也認同是張修而非張陵的看法。

> 書以惑百姓，從受道者出五斗米，故世號米賊。陵死，子衡行其道。
>
> 衡死，魯復行之。〔註74〕

五斗米道不僅舉行神秘的宗教活動，而且宗教組織嚴密，還具有自己的宗教理論。《三國志》〈張魯傳〉注有魚豢《典略》中對於五斗米道與太平道（下一段將予以論述），在使用巫術治病上的一些類似情況：

> 太平道者，師持九節杖為符祝，教病人叩頭思過，因以符水飲之，
>
> 得病或日淺而愈者，則云此人信道，或其不愈，則為不信道。（張）
>
> 修法略與（張）角同，加施靜室，使病者處其中思過。又使人為姦
>
> 令祭酒，祭酒主以老子五千文，使都習，號為姦令。為鬼吏，主為
>
> 病者請禱。……使病者家出米五斗以為常，故號曰五斗米師。〔註75〕

若以現代的思維與角度來看待這段敘述，對於這種用巫術治病的方法，顯然是反科學的宗教迷信，且有很大的欺騙性，但若探究出現的時空背景，便不足為奇，因為五斗米道是在生活貧窮、文化落後、交通不便的巴、漢地區所發軔和上升的民間宗教，把信鬼尚巫的消極歷史傳統和民族習俗放到了突出的地位，加以神秘主義的解釋。〔註76〕又其中的"老子五千文"，後來促成了早期道教著作《老子想爾注》的形成，〔註77〕是為道教重要的理論系統之一。

在本文前章有關東漢邊防的內容裡，曾提及南蠻與西南夷，而巴、漢地區即屬於其居住活動範圍，在《後漢書》卷86〈南蠻西南夷列傳〉裡曾提及巴郡南郡蠻"未有君長，俱事鬼神"、賨人（板楯蠻）"俗好鬼巫"〔註78〕，因巴蜀蠻夷盛行巫術，為五斗米道提供了深具潛力的背景環境，從順帝到靈帝三、四十年的這段時間，五斗米道在張修的領導下，以符咒治病的傳道手段，在巴郡、漢中地區吸引眾多的貧苦百姓信奉五斗米道，發展勢力漸趨龐大。

五斗米道真正受到東漢政權的正視與警覺，是在靈帝中平元年（184年）黃巾民變爆發之際，張修率五斗米道之信徒起而響應，在西南北部巴郡、漢中一帶率眾叛亂（第三節將論述）。之後，張魯（張陵之孫）崛起，並與張修

〔註74〕　《三國志》，卷8，〈張魯傳〉，263頁。

〔註75〕　《三國志》，卷8，〈張魯傳〉，頁264。魚豢的《典略》已亡佚，今引〈張魯傳〉注為主。

〔註76〕　張仁鏡，〈試談張魯政權〉，《漢中師院學報》（哲學社會科學版），1987：1，頁70。

〔註77〕　冷鵬飛，〈秦漢農民起義與早期道教的形成〉，《湖南師範大學社會科學學報》，1992：6，頁74。

〔註78〕　《後漢書》，卷86，〈南蠻列傳第七十六〉，頁2840。

一同投靠當時益州牧劉焉，劉焉亦樂於接收五斗米道的勢力進行割據，於是分別認命張魯、張修爲"司馬"職，也造成了五斗米道的內部鬥爭，"魯逐襲修殺之，奪其眾。"〔註79〕張魯於是在漢中建立了一個政教合一的政權，隨著五斗米道居於統治者地位以後，便逐漸朝著封建化的方向演變，借用政權力量強迫人們信奉其宗教，〔註80〕但不可否認的，在漢末戰亂不息的歲月裡，張魯政權在巴、漢一帶形成一個局部安定的社會環境，在三十餘年間，爲該地區民眾的生產與生活提供了相對良好的條件。〔註81〕

三、太平道的興起

太平道可以說是黃巾民變的組織形式，在中國歷史上來看，黃巾民變可以說是最早且最具規模，以宗教組織來進行反抗政府的民間起事運動。早在東漢安帝永初三年（109 年），被稱爲"海賊"的張伯路，便首先以宗教組織來挑戰漢室政權，《後漢書》卷38〈法雄傳〉中記載：

> 永初三年，海賊張伯路等三千餘人，冠赤幘，服絳衣，自稱「將軍」，寇濱海九郡，殺二千石令長，初遣侍御史龐雄督州郡兵擊之，伯路等乞降，尋復屯聚。明年，伯路復與平原劉文河等三百餘人稱「使者」，……渠帥皆稱「將軍」，共朝謁伯路。伯路冠五梁冠，佩印綬，黨眾浸盛。〔註82〕

張伯路的部眾戴紅帽、穿紅衣，伯路又自稱爲「將軍」，上述的「將軍」、「使者」都可以說是原始道教中的稱號，意即"天帝使者"的簡稱。〔註83〕從這些訊息裡，已可明顯看出宗教起義的色彩，甚至於可將張伯路這次的起事，視爲原始道教所發動，是原始道教形成過程中的重要標誌之一，〔註84〕更將使"宗教"對起事具有極爲重要的號召與組織，特別是對於靈帝時期張角所發起的黃巾民變，具有啓發與帶領的重要意義。

〔註79〕《三國志》，卷8，〈張魯傳〉，頁263。

〔註80〕張仁鏡，〈試談張魯政權〉，《漢中師院學報》（哲學社會科學版），1987：1，頁71。

〔註81〕徐難于，《漢靈帝與漢末社會》，頁179。

〔註82〕《後漢書》，卷38，〈法雄列傳第二十八〉，頁1277。

〔註83〕方詩銘，〈黃巾起義先驅與巫及原始道教的關係〉，《歷史研究》（北京），1993：3，頁9。

〔註84〕同上註，頁8。

　　根據《後漢書》卷 30〈襄楷傳〉的記載，太平道首領張角曾擁有《太平經》，並做爲太平道的理論及教義：

　　　　初順帝時，琅邪人宮崇詣闕，上其師于吉於曲陽泉水上所得神書百七十卷，皆縹白素朱介青首朱目，號太平清領書。

　　　　其言以陰陽五行爲家，而多巫覡雜語。有司奏崇所上妖妄不經，乃收藏之。後張角頗有其書焉。

　　　　及靈帝即位，以楷書爲然。太傅陳蕃舉方正，不就。鄉里宗之，每太守至，輒致禮請。中平中，與荀爽、鄭玄俱以博士徵，不至，卒于家。〔註85〕

順帝時期的神書即《太平清領書》，其中有一百七十卷，也就是後來的《太平經》，是流傳至今的重要道教經典。這本神書中所包含的思想極爲複雜，既有辟穀食氣，符訣神咒，鬼魂邪怪，求神成仙之類的迷信思想；也有一些改造社會的主張和太平社會的美好理想。此書最早是在社會下層流傳的，因此，它的內容更加接近農民，在一定程度上反映了農民的要求和願望，特別是裡面有很多主張財富平均的言論。〔註86〕其中所描繪的理想社會是地主階級改良派追求的封建理想王國，它的指導思想反映了地主階級改良派思想家以改良挽救王朝統治危機的願望，主張透過將剝削和壓迫控制在一定限度內來緩和社會矛盾，以求得王朝統治的安穩。〔註87〕

　　宮崇在順帝時獻上《太平經》，卻被朝廷視爲是 "妖妄不經" 而被收藏起來，襄楷在桓帝時又兩度獻上此書，但仍遭拒絕。而直至靈帝，對於《太平經》產生了極大的興趣，靈帝對此書持肯定態度，的確是一項重大的轉折，我們可以從兩方面來推斷：

　　第一、靈帝時期的社會風氣，延續了秦漢以來所瀰漫與盛行的宗教迷信思想，加上靈帝時期的社會階級已嚴重地呈現出矛盾與對立，在得不到有效解決方法的情況下，求助於道術是可以理解的。

　　第二、在統治者的認同下，很多地方官吏不但允許《太平經》流傳，而且朝野大部分人士皆視與《太平經》有密切關係的太平道，爲輔助朝廷教化

〔註85〕《後漢書》，卷30下，〈襄楷列傳第二十下〉，頁1084。

〔註86〕林劍鳴，《秦漢史》，頁942。

〔註87〕徐難于，〈論黃巾起義宗教色彩和規模巨大的成因〉，《西南師範大學學報》（哲學社會科學版），1998：6，頁98。

百姓的"善道"，《後漢書》卷71〈皇甫嵩傳〉中提到：

> 初，鉅鹿張角自稱「大賢良師」，奉事黃老道，畜養弟子，跪拜首過，
> 符水呪說以療病，病者頗愈，百姓信向之。角因遣弟子八人使於四方，
> 以善道教化天下，轉相誑惑。十餘年間，眾徒數十萬，連結郡國，自
> 青、徐、幽、冀、荊、揚、兗、豫八州之人，莫不畢應。〔註88〕

"善道"可視為是張角所宣揚的教義，不僅是自身行善或勸人行善，其中亦包含張角奉事的宗教實體是"大道"，尊崇的"大神"是神化的老子，從"大賢良師"的"賢"字，即為原始道教的尊號，可推斷張角的教義實與原始道教的關係密切。〔註89〕於是，在朝野對於太平道尚停留在"善道"階段的時候，正是張角進行密秘動員中下階層民眾的最佳時機。太平道治病助貧的實際功能，不僅有力地吸引了廣大民眾，而且對組織、號召起義具有極強的掩護性，使得統治決策層對太平道的迅速發展表現出反常的遲鈍。〔註90〕

除了政治環境許可外，以當時的迷信宗教神學風氣，也是非常有利於太平道的發展，如同在本節第一段的內容中所提到：兩漢不論是官方或者是民間，都盛行五德終始說，以及讖緯神學等宗教迷信之風氣，而太平道與讖緯神學之間的關係十分密切。事實上，道教的興起，正是秦漢以來神仙思想和讖緯迷信逐漸發生變遷，交織融匯的產物，整個道教思想體系都同漢代的讖緯神學密不可分地交織在一起。漢人迷信讖緯，太平道的興起正是利用了時人的信仰精神，〔註91〕在天時、地利的情況之下孕育而生。

當時的最高統治者靈帝，對於《太平經》的流傳不但不予以禁止，甚至自身對這樣的異端神學還頗感興趣，且寬容以待。另一方面，民生疾苦的民間社會背景也利於太平道的流行，靈帝朝的人民百姓正陷於政治腐敗，社會黑暗之中，非但地主豪強與宦官黨羽交相魚肉百姓（本文第二、四章），以及大瘟疫肆虐頻繁〔註92〕（第四章），又有邊患接連而起，百姓賦役不斷加重（第三章），

〔註88〕《後漢書》，卷71，〈皇甫嵩傳第六十一〉，頁2299。

〔註89〕方詩銘，〈黃巾起義先驅與巫及原始道教的關係〉，《歷史研究》（北京），1993：3，頁27。

〔註90〕徐難于，〈論黃巾起義宗教色彩和規模巨大的成因〉，《西南師範大學學報》（哲學社會科學版），1998：6，頁100。

〔註91〕姜生，〈原始道教三題〉，《西南民族學院學報》，1997：12，頁120。

〔註92〕張劍光、鄒國慰，徐難于，〈略論兩漢疫情的特點和救災措施〉，《北京師範大學學報》（社科版），1999：6，頁15。以及徐難于，〈論黃巾起義宗教色彩和規模巨大的成因〉，頁98。

連向來對國家充滿使命感的清流派士大夫與太學生，也慘遭兩度的黨錮之禍（第二章）。在政治日益腐朽黑暗，財富日趨兩極分化，社會矛盾全面激化的情況下，勞困飢饉的農民從安帝永初二年（108 年）到靈帝光和三年（180 年）七十多年的時間裡，根據《後漢書》的記載，就已發生了近四十次的農民起義，〔註93〕其規模由小到大，人數由少到多，範圍也已擴展到全國各地，雖然一一遭受東漢政府的鎮壓，但也爲日後的反政府運動提供了更多的經驗與累積了教訓。種種的環境因素，給予能爲百姓治病助貧的張角，在傳布太平道上提供了有利的時機。到了靈帝中平元年（184 年），集分散小股農民起義的經驗，經過十餘年的組織與準備，一場更激烈的由張角領導的黃巾起義就爆發了。〔註94〕

其實，早在靈帝熹平、光和年間，宗教勢力在地方的形成與壯大，已被朝廷所注意，且被視之爲“妖賊”了。在《三國志》卷 8〈張魯傳〉注引的《典論》裡提到：

> 熹平中，妖賊大起，三輔有駱曜。光和中，東方有張角，漢中有張
>
> 脩。駱曜教民緬匿法，角爲太平道，脩爲五斗米道。〔註95〕

從這段引文當中，可以看出道教的發展在東漢時期已漸趨成熟，特別是在黃老思想與《太平經》道術的號召下，由駱曜的緬匿道、〔註96〕張角的太平道以及張脩的五斗米道而確立，〔註97〕並且是在農民起義鬥爭過程中蘊釀形成的，雖然道教最初建構的是一個超人間的神仙世界，但最後卻隨著環境演變，反而是以改造現實世界爲主要目標，藉以解脫廣大民眾的痛苦，使得道教此時帶有濃厚的世俗政治色彩。〔註98〕下一節我們就影響當時政治、社會最鉅大的太平道，探討張角如何動員與組織太平道信徒，引爆震撼靈帝朝的黃巾民變。

〔註93〕 秦進才，〈黃巾起義領袖張角〉，《邢台學院學報》，2003：6，頁 41。

〔註94〕 羅康慶，〈東漢後期限田論辨析〉，《湘潭師範學院學報》，1995：1，頁 56。

〔註95〕 《三國志》，卷 8，〈張魯傳〉，頁 264。

〔註96〕 鄭振邦先生在〈關於道教創立幾個問題的辨析〉，《渭南師專學報》（社會科學版），1994：2，頁 55。提到駱曜同張角、張脩一樣，已經形成了聲勢浩大的道教結社群體，而被載入史冊，唯一不同的是，駱曜的一支沒有留下教派名稱，而只被記下有代表性的道術，一方面是歷史上沒有留下更多的活動記載，另一方面可能是歷史沒記下其結社的名稱，因而長期來在提到道教創始人時，往往被忽略了，作者因此將此教取名爲“緬匿道”，以方便研究與敘述。

〔註97〕 鄭振邦，〈關於道教創立幾個問題的辨析〉，《渭南師專學報》（社會科學版），1994：2，頁 55。

〔註98〕 冷鵬飛，〈秦漢農民起義與早期道教的形成〉，《湖南師範大學社會科學學報》，1992：6，頁 74。

第三節　黃巾民變的爆發與靈帝朝的應對

　　東漢晚期民間宗教活動熱絡頻繁，整個社會瀰漫在宗教神學氣氛之中，行之已久的讖緯圖說以及陰陽五行更是歷久不衰，讖緯神學向來被政治所運用，在爲政治服務時，爲當權者帶來利益的正面效應，反之，也將會造成巨大的負面效應。東漢晚期桓、靈之際，曾流行著這樣的讖緯之說：

> 桓靈之間，諸明圖讖者，皆言漢行氣盡，黃家當立。〔註99〕

　　張角以太平道動員組織信徒之際，也善於利用讖語來號召、說服群眾，來加入反政府的行列：

> 遂置三十六方。方猶將軍號也。大方萬餘人，小方六七千，各立渠
> 帥。訛言「蒼天已死，黃天當立，歲在甲子，天下大吉」。……皆著
> 黃巾爲標幟，時人稱之爲「黃巾」。〔註100〕

上一節文中曾論及王莽利用當時流行的五德終始說，強調新朝是以土德（黃色）來代替漢朝的火德（赤色）的說法，隨著光武帝中興漢室，以陰陽五行的理論來看，是漢之赤德的復興，而黃德之退隱民間，而黃德之退隱可視爲是能量的累積，同時等待社會條件的成熟，符命重出，〔註101〕以便蓄勢待發。根據五行學說，黃爲土色，黑爲水色，而東漢王朝尚火，以赤色爲象徵，於是東漢晚期的宗教起義運動，在當時流行的五德終始說和讖緯神學的影響下，造反者自稱爲"黃帝"、"黃帝子"、"黑帝"，則分別從土斷火的五行相生相勝的角度，表明自己將代漢而立。〔註102〕

　　也因此"黃"德之興，以被民眾認定爲解除災異，獲得拯救和不死的唯一正道，又"歲在甲子"，將是決定天地人間萬物最終命運的時刻，也可解釋爲新生、重生且承先啓後的開端。只要信仰和追隨太平道，聽從張角的號令，人們就得到"黃天"的拯救，免受天地之大終的洪水之災。因此太平道以"尚黃"的精神，而得以在民間長期、大規模地傳播，在相當深刻的層面發動和掌握了民眾的力量，〔註103〕張角以"黃"巾爲幟，其動機與意義非凡。

〔註99〕《三國志》，卷1，〈武帝紀第一〉，頁10。注引魚豢，《魏略》。
〔註100〕《後漢書》，卷71，〈皇甫嵩傳六十一〉，頁2299。
〔註101〕姜生，〈原始道教三題〉，《西南民族學院學報》，1997：12，頁121。
〔註102〕徐難于，〈論黃巾起義宗教色彩和規模巨大的成因〉，頁98。
〔註103〕姜生，〈原始道教之興起與兩漢社會秩序〉，《先秦、秦漢史》，2001：2，頁
　　　　79。

「蒼天已死，黃天當立，歲在甲子，天下大吉。」〔註104〕以當時所流行宗教讖語，來作爲推翻東漢皇朝政權的號召，這樣的口號也視爲是一則由極少人編的"訛言"，但確是深思熟慮、老謀深算之宣傳傑作。它高張東漢末因"人心厭漢"，而人氣旺盛的土德符號，從而概括承受隨之而來的豐富政治、宗教資源，並輔以綿密的組織、深厚的耕耘、世俗化的宗教整合，令一則訛言在危機叢生的時局中成爲最具凝聚力的政治口號和最有吸引力的神話，〔註105〕他們頭著"黃巾"，以"黃天"自居，以"漢行已盡，黃家當立"的革命口號〔註106〕定調後，已在群眾之中廣泛宣傳。張角以《太平經》宣揚劫運來臨，將出現一場"善"與"惡"的鬥爭，"善"終將戰勝"惡"。因此張角以"善道"教化，"積善"不但可以免脫災禍，還可以"長生"，借以鼓舞人們的鬥志。〔註107〕

於是，起事的時間、地點業已定案，並且以"甲子"二字爲暗號，在京師與官府流傳著，人員調度也已滲入朝廷核心，甚至有部分宦官與宮廷衛士也都信奉起太平道，且願在民變發動時作爲內應：

> 以白土畫京城寺門及州郡官府，皆作「甲子」字。中平元年，大方馬元義等先收荊、揚數萬人，期會發於鄴。以中常侍封諝、徐奉等爲內應，約以三月五日內外俱起。〔註108〕

當然，在變亂之前，已有朝中司徒楊賜提出警訊，他認爲"黃巾帥張角等執左道，稱大賢，以訰耀百姓，天下繮負歸之。"〔註109〕危機就在"天下繮負歸之"的這樣的現象與結論，已反應出張角甚得民心，民眾相率歸附，恐成爲地方之反動力量，逐步地對中央形成包圍之勢。楊賜於熹平五年時（176年），召掾屬劉陶討論張角聚眾傳道的情況，顯示他已看出事態的嚴重性：

> 張角等遭赦不悔，而稍益滋蔓，今若下州郡捕討，恐更騷擾，速成其患。且欲切勒刺史、二千石，簡別流人，個護歸本郡，以孤弱其黨，然後誅其渠帥，可不勞而定。〔註110〕

〔註104〕同註101。

〔註105〕呂宗力，〈漢代的流言與訛言〉，《歷史研究》（北京），2003：2，頁80。

〔註106〕王仲修，〈讖緯對秦漢政治的影響〉，《黑龍江教育學院學報》，2004：3，頁60。

〔註107〕方詩銘，〈黃巾起義先驅與巫及原始道教的關係〉，《歷史研究》（北京），1993：3，頁34。

〔註108〕《後漢書》，卷71，〈皇甫嵩列第六十一〉，頁2299。

〔註109〕《後漢書》，卷54，〈楊賜傳第四十四〉，頁1784。

〔註110〕同上註。又參見《資治通鑑》，卷58，〈漢紀五十〉靈帝光和六年，頁1864。

楊賜認爲只有把流離失所的農民押回本籍，才可以削弱張角的基礎，這確是一條釜底抽薪、防範起義的計策。〔註111〕於是決定將此商討結果上書靈帝，上書不久，楊賜因病免官，這項建議也就被擱置下來了。光和六年（183年），侍御史劉陶、奉車都尉樂松、議郎袁貢聯名上書，再度提出警訊：

> 今張角支黨不可勝計。……雖會赦令，而謀不解散。四方私言，云角等竊入京師，覘視朝政，鳥聲獸心，私共鳴呼。州郡忌諱，不欲聞之，但更相告語，莫肯公文。宜下明詔，重募角等，賞以國土。有敢回避，與之同罪。」〔註112〕

如此危及朝廷的警訊，卻因靈帝對於太平道之認知有誤，尚以"善道"視之，因此"帝殊不爲意，方詔陶次第春秋條例"〔註113〕，顯然靈帝並沒有意識到問題的嚴重性，〔註114〕錯過了先發制人的時機，也使得張角有更充足的時間，去進行組織與動員的工作準備。

原訂於光和七年（184年）三月五日，會同八州三十六方同時進行的反政府起義運動，在同年正月突然因爲張角弟子唐周向朝廷自首告密，因而產生了急遽的變化：

> 未及作亂，而張角弟子濟南唐周上書告之，於是車裂元義於洛陽。靈帝以周章下三公、司隸，使鉤盾令周斌將三府掾屬，案驗宮省直衛及百姓有事角道者，誅殺千餘人，推考冀州，逐捕角等。角等知事已露，晨夜馳勒諸方，一時俱起。皆著黃巾爲標幟，時人謂之「黃巾」，亦名爲「蛾賊」。殺人以祠天。〔註115〕

不但大方首領馬元義慘遭車裂而死，靈帝這個時候也才反應過來，體認到事情的嚴重性，下令開始搜捕、誅殺中央與地方的太平道信徒，以及逮捕張角。如此一來，使得張角原訂甲子年三月五日的起義，亂了方寸。變亂的計劃既然已遭洩露，張角便當機立斷，決定立即採取行動，提前起事，他分派使者通知諸方，提前於二月同時發起。張角首先在冀州（河北鄴城）率眾變亂，黃巾民變正式引爆。

爲了瞭解整個黃巾民變的發展過程，這裡以關鍵性的事件發生，分成三

〔註111〕朱大昀主編，《中國農民戰爭史》秦漢卷，頁270。

〔註112〕《後漢書》，卷57，〈劉陶傳第四十七〉，頁1849。

〔註113〕《資治通鑑》，卷58，〈漢紀五十〉靈帝光和六年，頁1865。

〔註114〕秦進才，〈黃巾起義領袖張角〉，《邢台學院學報》，2003：6，頁42。

〔註115〕《後漢書》，卷71，〈皇甫嵩傳第六十一〉，頁2300。

個階段來進行論述：

一、張角起事（中平元年二月）到病亡（同年八月）

靈帝中平元年（184 年）二月，張角率太平信徒在冀州發動民變（見圖4-1），農民軍個個頭裏黃巾為幟，"黃巾民變"以宗教組織凝聚民力，正式揭起反政府的叛變行動：

> 二月，角自稱天公將軍，角弟寶稱地公將軍，寶弟梁稱人公將軍。
> 〔註116〕

張角兄弟三人的稱號，表明代表天、地、人三才，是黃巾軍的最高統帥。發動變亂的形勢發展相當迅速："所在燔燒官府，劫略聚邑，州郡失據，長吏多逃亡。旬日之間，天下嚮應，京師震動。"〔註117〕農民軍不但燒殺州郡官府，長吏，也攻打向來欺壓農民的地主豪強，攻擊掠奪其田庄，又"黃巾既作，盜賊麋沸"〔註118〕，各地人民紛紛起來響應黃巾，於是東漢政權已面臨顛覆瓦解的危機，朝野正遭逢前所未有的嚴重摧殘與打擊。

除了張角、張寶、張梁在冀州所領導的黃巾主力軍外，尚有張曼成領導荊州的南陽黃巾軍，以及波才領導豫州的潁川黃巾軍，黃巾軍於是形成主要的三個地區。之後又有兗州、幽州、揚州等各區的黃巾軍興起，從東、南、北三個方面形成對京師洛陽的嚴重威脅。〔註119〕面對如此危急的局變，靈帝趕緊下令州郡，裝檢兵器與加強城防守衛，並且在"函谷、大谷、廣城、伊闕、轘轅、旋門、孟津、小平津"〔註120〕等洛陽外圍的八個險要關卡，設置了八關都尉，以層層保護京師洛陽的安全。

同年三月，靈帝急詔群臣會議以商討對策。此時北地太守皇甫嵩，以及中常侍呂強提出了較具建設性的諫言：

> 嵩以為宜解黨禁，益出中藏錢、西園廄馬，以班軍士。帝從之。〔註121〕

靈帝也向中常侍呂強詢問計策，呂強更直接點出了民變動蕩的根本原因，以及平息民怨眾怒的方法：

〔註116〕《資治通鑑》，卷58，〈漢紀五十〉靈帝光和六年，頁1865。
〔註117〕《後漢書》，卷71，〈皇甫嵩傳第六十一〉，頁2300。
〔註118〕《後漢書》，卷78，〈張讓傳第六十八〉，頁2535。
〔註119〕朱大昀主編，《中國農民戰爭史》秦漢卷，頁273。
〔註120〕《資治通鑑》，卷58，〈漢紀五十〉靈帝光和六年，頁1865。
〔註121〕《後漢書》，卷71，〈皇甫嵩傳第六十一〉，頁2300。

> 黨錮久積，人情怨憤，若不赦宥，輕與張角合謀，爲變茲大，悔之
> 無救。今請先誅左右貪濁者，大赦黨人，料簡刺史、二千石能否。
> 則盜無不平矣。帝懼而從之。壬子，赦天下黨人，還諸徙者；唯張
> 角不赦。〔註122〕

皇甫嵩與呂強的諫言中，有一項相同的見解：就是必須趕快赦免黨錮之禍以
來，受到禁錮連坐的士大夫與太學生們。原因在於遭黨錮所迫害的士大夫逃
亡者眾多，因此張角黃巾是有不少士大夫參加的，也可以說是受到士大夫的
同情庇護或支持的，〔註123〕這主要是針對靈帝朝政黑暗，特別是宦官專權以
及遭受黨錮之害之士大夫，所引起的反抗思想與行動。所以，赦免黨人的用
意在於重拾民心，避免這股反動勢力和黃巾軍同流，而聲勢更加地壯大。

　　除了"赦免黨人"的見解相同之外，皇甫嵩直言要求靈帝在此危急存亡
之際，必須將先前賣官鬻爵、終飽私囊的錢財，以及西園裡供遊玩的戰馬，
悉數捐出以犒勞軍士，採取以身作則的方式來提振士氣。中常侍呂強更一針
見血地直言指出，必須整飭地方吏治，並誅殺漁肉百姓的貪官污吏，以明示
朝廷整頓的決心。而這些貪官污吏大多是宦官的親屬黨羽，於是遭到其他中
常侍的反制："諸常侍人人求退，又各自徵還宗親子弟在州郡者"〔註124〕，
靈帝也只好作罷。呂強不因本身中常侍的身份而對實情隱匿，相反的，能為
大局著想，向靈帝提出忠告，但在當時險惡的政治環境下，這樣忠忱的情操
卻在群小的誣陷下，最後以自殺明志，付出慘痛的代價。（留待下一章論述）

　　同樣敢言的還有郎中中山張鈞，他慷慨激昂地上書指出：

> 竊惟張角所以能興兵作亂，萬人所以樂附之者，其源皆由十常侍多
> 放父兄、子弟、婚親、賓客典據州郡，辜榷財利，侵略百姓；百姓
> 之冤無所苦訴，故謀議不軌，聚爲盜賊。宜斬十常侍，懸頭南郊，
> 以謝百姓，又遣使者布告天下，可不須師旅，而大寇自消。〔註125〕

這樣切中時弊的見解，可惜以靈帝身處的政治環境，未能得到採納，最後更
遭張讓等中常侍誣告"鈞學黃巾道"而"收掠死獄中"，仗義執言之士下場
竟是如此。

〔註122〕《資治通鑑》，卷58，〈漢紀五十〉靈帝光和六年，頁1866。
〔註123〕陳啓雲，《漢晉六朝文化、社會、制度——中華中古前期史研究》，台北：新
　　　　文豐出版公司，1997，頁70。
〔註124〕《後漢書》，卷78，〈呂強傳第六十八〉，頁2533。
〔註125〕《後漢書》，卷78，〈張讓傳第六十八〉，頁2535。

　　靈帝在軍事上除了加強武器裝檢、提升戰備、以及設立都尉之外，更進一步地"發天下精兵，博選將帥"〔註126〕，先後派遣北中郎將盧植去冀州征討張角；又派左中郎將原北地太守皇甫嵩和右中郎將朱儁征討潁州黃巾軍。之後，又陸續派遣刺史王允率從事荀爽與孔融、騎都尉曹操以及中郎將董卓等人，前往鎮壓黃巾軍。

　　黃巾軍的進展相當快速，從二月起事，一開始聲勢便銳不可當，爾後在朝廷的進剿和地方官府豪強的殊死抵抗下，雙方情勢彼消此長，以下表格（表4-2）我們參酌《後漢紀》、《後漢書》、《三國志》以及《資治通鑑》，將有關第一期雙方局勢的發展，作簡要之整理：

【表4-2】張角起事階段表（中平元年二月～同年八月）

時　　間	重要記事	出　　處
中平元年（184年）二月	「二月，角等皆舉兵，往往屯聚數十百輩，大者萬餘人，小者六七千人。州郡倉卒失據，二千石、長吏皆棄城遁走，京師振動。角黨皆著黃巾，故天下號曰黃巾賊。」	《後漢紀》，〈孝靈皇帝紀中卷第二十四〉，頁473。
	「角自稱天公將軍，角弟寶稱地公將軍，寶弟梁稱人公將軍。所在燔燒官府，劫略聚邑，州郡失據，長吏多逃亡。旬日之間，天下嚮應，京師震動。」	《資治通鑑》，卷58，〈漢紀五十〉靈帝光和六年，頁1865。
三月	「安平、甘陵人各執其王應賊。」	《資治通鑑》，卷58，〈漢紀五十〉靈帝光和六年，頁1866。
	「南陽黃巾張曼成攻殺太守褚貢。」	《資治通鑑》，卷58，〈漢紀五十〉靈帝光和六年，頁1868。
四月	「朱儁與賊波才戰（潁川），戰敗。波才圍皇甫嵩於長社。…縱火大呼…賊驚亂奔走。」	《後漢書》，卷71，〈皇甫嵩傳〉，頁2301。
	「汝南黃巾敗太守趙謙於邵陵。廣陽黃巾殺幽州刺史郭勳及太守劉衛。」	《資治通鑑》卷58，〈漢紀五十〉靈帝光和六年，頁1868、1869。

〔註126〕《後漢書》，卷71，〈皇甫嵩傳第六十一〉，頁2300。

五月	「光和末,黃巾起。拜騎都尉,討潁川賊。」	《三國志》,卷1,〈武帝紀〉頁3。
	「帝遣騎都尉曹操適至,嵩、操與朱儁合兵更戰,大破之(潁川波才黃巾軍)。」	《後漢書》,卷71,〈皇甫嵩傳〉,頁2301。
六月	「南陽太守秦頡擊張曼成,斬之。」 「交阯屯兵執刺史及合浦太守來達,自稱『柱天將軍』,遣交阯刺史賈琮討平之。」	《後漢書》,卷8,〈靈帝紀〉,頁349。
	「北中郎將盧植連戰破張角,斬獲萬餘人,角等走保廣宗。」	《後漢書》,卷64,〈盧植傳〉,頁2118。
	「宦官誣奏植,抵罪。遣中郎將董卓攻張角,不剋。」	《後漢書》,卷8,〈靈帝紀〉,頁349。
七月	「巴郡妖巫張脩反,寇郡縣。」 「七月,脩聚眾反,寇郡縣;時人謂之『米賊』。」	《後漢書》,卷8,〈靈帝紀〉,頁349。 《資治通鑑》,卷58,〈漢紀五十〉靈帝光和六年,頁1872。
八月	「皇甫嵩進擊東郡黃巾卜己於倉亭,生擒卜己。」 「董卓攻張角無功,抵罪,乙巳,詔嵩討角。」 「乃詔嵩進兵討之(張角),……角先已病死……。」	《後漢書》,卷71,〈皇甫嵩傳〉,頁2301。 《資治通鑑》,卷58,〈漢紀五十〉靈帝光和六年,頁1872。

由上表可知張角自二月起事以來,黃巾軍對於中下層民眾具有相當大的號召力,甚至得到了士大夫的同情、庇護與支持,因此在初期的發展中,從二月到五月初的幾個月內,黃巾軍在幾個主要戰場,都頂住了地方政府或中央和地方聯合鎮壓的強大軍事壓力,並在曲折的戰鬥過程中,取得了軍事上了發展。〔註127〕但在四月時,從潁川波才的黃巾軍圍困皇甫嵩軍於長社的事件中,特別是波才部眾"結草為營,易為風火"〔註128〕的這個舉措,我們也可清楚地看出黃巾軍的弱點是缺乏軍事經驗,〔註129〕招致官軍有機可乘,皇甫嵩軍於夜間縱火,接著又有朱儁與曹操的援軍一同挾擊,黃巾軍遭受首次大敗,已嚴重打擊

〔註127〕朱大昀主編,《中國農民戰爭史》秦漢卷,頁275。
〔註128〕《後漢書》,卷71,〈皇甫嵩傳第六十一〉,頁2301。
〔註129〕李智文,〈張角略論〉,《邢台師範高專學報》,2000:3,頁15。

黃巾軍的士氣。此外,特別值得留意的是黃巾軍與官軍作戰期間,南方邊陲地帶的交州與巴郡,皆順勢反叛,使得靈帝朝一時倉皇失措。

交阯處東漢疆域的最南端,趁朝廷遭逢黃巾軍叛亂之際,暫時無暇顧及該地的時機下,交州刺史以及合浦太守另立旗幟,自稱「柱天將軍」,後來朝廷任才得當,遣東郡賈琮爲交阯刺史,「琮即移書告示,各使安其資業,招撫荒散,蠲復徭役,誅斬渠帥爲大害者,簡選良吏試守諸縣,歲間蕩定,百姓以安」〔註130〕。在用人得當,妥善執事、積極安撫民心的情況下,化解了這場叛亂。

另外在西南的巴郡,同屬道教支派的五斗米道(如上一節所述),在張修主持五斗米道時,積極動員和組織貧苦農民,也順勢在太平道黃巾軍起事之際,張修於是率領徒眾在巴郡起事反政府,與張角的太平道互相呼應,共謀推翻東漢政權之大計。

此期最關鍵的變化在於領袖張角的病死,雖然在正史的資料中沒有明確的記載張角死亡的確切時間,但在《資治通鑑》中平元年八月,尚有「董卓攻張角無功,抵罪,乙巳,詔嵩討角。」的這段記載,到了十月,已可看出黃巾軍的主要領袖,已經換成了張角的兄弟張梁與張寶。最後,則出現了更具體的張角死訊,「角先已病死,乃剖棺戮屍,傳首京師」〔註131〕,因此在八月張角因病亡時,在戰鬥之際密不發喪,避免挫己之銳氣,這樣的處理方式則是合情合理的。

二、張角病亡(中平元年八月)到張寶戰死(同年十一月)

此期爲黃巾軍漸趨劣勢,官軍轉守爲攻的階段,從張角病亡,到最後張梁、張寶的相繼戰死陣亡,這代表著以太平道爲主力的黃巾民變,到同年十一月止,已遭官軍殲滅而告平息(表4-3):

【表4-3】張梁、張寶階段表(中平元年八月~同年十一月)

時　間	重要記事	出　處
九月	「安平王續坐不道,誅。國除。」	《資治通鑑》,卷58,〈漢紀五十〉靈帝光和六年,頁1872。

〔註130〕《資治通鑑》,卷58,〈漢紀五十〉靈帝光和六年,頁1870。
〔註131〕《後漢書》,卷71,〈皇甫嵩傳第六十一〉,頁2302。

十月	「嵩與角弟梁戰於廣宗。梁眾精勇，嵩不能剋。……知賊意稍懈，乃潛夜勒兵……大破之，斬梁，獲首三萬級」	《後漢書》，卷71，〈皇甫嵩傳〉，頁2301。
	「角先病死，破棺戮屍。」	《後漢紀》，〈孝靈皇帝紀中卷第二十四〉，頁477。
十一月	「嵩復與鉅鹿太守馮翊郭典攻角弟寶於下曲陽，又斬之。首獲十餘萬人，築京觀於城南。」	《後漢書》，卷71，〈皇甫嵩傳〉，頁2302。
	「北地降羌先零種因黃巾大亂，乃與湟中羌、義從胡北宮伯玉等反，寇隴右。」「殺護羌校尉冷徵，金城太守陳懿，逐寇亂隴右焉。」	《後漢書》，卷87，〈西羌傳〉，頁2898。
	「張曼成餘黨更以趙弘為帥，眾復盛。至十餘萬，據宛城……。朱儁擊弘，斬之。……賊帥韓忠復據宛拒儁……。儁因擊，大破之……南陽太守秦頡殺忠，餘眾復奉孫夏為帥，還屯宛。……儁復破之，斬萬餘級。於是黃巾破散，其餘州郡所誅，一郡數千人。」	《資治通鑑》，卷58，〈漢紀五十〉靈帝光和六年，頁1874。《後漢書》，卷71，〈朱儁傳〉，頁2309。

　　這個階段可以說是黃巾軍的敗亡期，關鍵在於八月交戰的緊要，張角的病死，的確使得黃巾軍士氣大受影響。〔註132〕繼張角病亡後，其弟張梁為皇甫嵩軍所斬殺。就整個起事過程來看，從八月到十一月，隨著東漢政府的調兵遣將，黃巾軍還沒有來得及聯合為一體，就被東漢政府分割在冀州、豫州、荊州等各個地區的戰場上，各自為戰（見圖4-1），不能互相配合，協同作戰，面臨著被東漢軍隊各個擊破的危險，〔註133〕局勢急轉直下，下曲陽的張角二弟張寶，為皇甫嵩和鉅鹿太守郭典聯合夾擊而戰死，南陽宛城的孫夏也遭朱儁所敗亡，餘眾逐漸解散，也宣告了黃巾民變主要戰力的結束。

　　在上述第一期的發展過程中，隨著黃巾民變的引爆與發展，邊陲已有交州與巴郡的叛亂。到了第二期，更有涼州北地先零羌、湟中羌與義從胡；荊州的武陵蠻；以及後續的巴郡板楯蠻等少數民族陸續叛亂（見本文第三章第

〔註132〕李智文，〈張角略論〉，《邢台師範高專學報》，2000：3，頁15。
〔註133〕秦進才，〈黃巾起義領袖張角〉，《邢台學院學報》，2003：6，頁43。

三節），可見當時的靈帝朝實面臨了內外交迫的窘境，而這些邊地的叛變，幸好都能適才適用地處理與應變，緩和了岌岌可危的政治險象。

三、黃巾餘部的發展（中平二年）到靈帝病死（中平六年）

在黃巾軍與官軍對抗之際，各地也有許多農民組成的軍隊起而響應黃巾（見圖 4-1），《三國志》卷 8〈張燕傳〉裡引注《九州春秋》曰：

> 張角之反也，黑山、白波、黃龍、左校、牛角、五鹿、羝根、苦蝤、劉石、平漢、大洪、司隸、緣城、羅市、雷公、浮雲、飛燕、白爵、楊鳳、于毒等各起兵，大者兩三萬，小者不減數千。靈帝不能討，乃遣使拜楊鳳為黑山校尉，領諸山賊，得舉孝廉計史。後遂彌漫，不可復數。〔註134〕

引注《典略》裡，也提到有關這些農民軍的特殊命名之緣由及可能性：

> 黑山、黃巾諸帥，本非冠蓋，自相號字，謂騎白馬者為張白馬，謂輕捷者為張飛燕，謂聲大者為張雷公，其饒鬚者則自稱于羝根，其眼大者自稱李大目。〔註135〕

從這些資料中不難發現，黑山等之農民軍大多由貧苦農民所組成，而且正陸續興起，深入發展當中。〔註136〕靈帝在面臨黃巾軍聲勢浩大、為朝廷帶來巨大威脅之際，對於這些區域且零星的農民叛亂，尚無暇進行抵制與鎮壓，因此先採用安撫政策，以為緩兵之計。雖然在中平元年十二月，也就是黃巾民變平定以後，靈帝大赦天下，試圖減緩階級的對立與衝突，但似乎效果不大。

以下我們從中平二年（185 年），也就是黃巾民變被平定後的隔年開始，一直到中平六年（189 年）四月，靈帝病死南宮的這段期間，有關黃巾餘部後續的重要發展，以表（表 4-4）作簡述：

【表 4-4】黃巾餘部階段表（中平二年～中平六年）

時　　間	重要記事	出　　處
中平二年 （185 年）	「張牛角等十餘輩並起，所在寇鈔。」	《後漢書》，卷 8， 〈靈帝紀〉，頁 351。

〔註134〕《三國志》，卷 8，〈張燕傳第八〉，注引《九州春秋》，頁 261。
〔註135〕《三國志》，卷 8，〈張燕傳第八〉，注引《典略》，頁 262。
〔註136〕朱大昀主編，《中國農民戰爭史》秦漢卷，頁 278。

中平四年 （187 年）	「數千人群起，攻燒郡縣，殺中牟縣令。」	《後漢書》，卷 69， 〈何進傳〉，頁 2246。
中平五年 （188 年）	「二月……黃巾餘賊郭太等起於西河白波谷，寇太原、河東。」 「夏四月，汝南葛陂黃巾攻沒郡縣。」 「六月……益州黃巾馬相攻殺刺史郤儉，自稱天子，又寇巴郡，殺郡守趙部，益州從事賈龍擊相，斬之。」 「冬十月，青、徐黃巾復起，寇郡縣。甲子，帝自稱『無上將軍』，耀兵於平樂觀。」	《後漢書》，卷 8， 〈靈帝紀〉，頁 355。 《資治通鑑》，卷 58， 〈漢紀五十〉靈帝中平二年至五年，頁 1878~1891。

　　從上表得知，在中平五年（188 年），各地農民又相繼以"黃巾"爲號，起兵於西河、汝南、青徐、益州等地區，江南地區也屢見黃巾活動，〔註 137〕他們大肆進攻郡縣，劫殺地方官吏，這樣的反政府民變此起彼落、延續不斷。

　　黃巾餘部可以說是原來黃巾民變的延續，也是其中的組成部分，無論在規模、活動地區、持續時間、或者是加入人數來看，幾乎都超過了張角率領的黃巾民變時期。農民軍在當時整個政治形勢的變化下，逐漸發展成各個割據勢力之間的兼併和混戰，農民軍於是被分割，而和他們鬥爭的對象，也實際上逐漸轉變成控制各該地區的地方割據勢力，〔註 138〕這樣的發展確切地影響了政治、軍事情勢的後續演變，造成了地方的制度變革。

四、黃巾民變的影響

　　黃巾民變雖然前後歷時不到一年，但確是得到了廣大人民群眾的支持與愛戴，固然張角利用道教的外衣來掩護反政府行動，或許夾雜著許多宗教迷信的色彩，可是，以當時的政治、社會環境裡，朝野皆以"善道"視之，這當然也成爲太平道興盛壯大過程當中最佳的形象號召。

　　探究其最根本原因，則是民變反映了人民的願望和要求，也就是農民最基本的生計問題，特別土地是農民最基本的生活資本和生活來源，官商激烈地兼併土地、欺凌百姓，使大量農民頓失依靠且流離失所，將他們推向痛苦的深淵，這是張角得民心的最主要因素，又張角開創了以宗教發動起義的先河，對於日後的農民戰爭產生了重大影響，〔註 139〕可說是極具帶頭與啓發的

〔註 137〕翦伯贊主編，田餘慶編寫，《中國史綱要》，頁 214。
〔註 138〕朱大昀主編，《中國農民戰爭史》秦漢卷，頁 287。
〔註 139〕李智文，〈張角略論〉，《邢台師範高專學報》，2000：3，頁 17。

效果。尤其是張角具有善於運用輿論工具的領導藝術，長期活動，廣泛汲取各方面營養，創造太平道爲起事的組織，作爲有準備、有組織、有綱領的黃巾民變的策劃人，極富開拓進取的精神。〔註140〕

黃巾軍雖然有廣大的民意基礎，但在現實環境裡有他先天劣勢的地方，首先是豪強地主擁有強大的武裝，這樣的武裝又與官軍聯合，處處阻截和鎮壓黃巾軍，這迫使黃巾軍不能大規模集中力量發動進攻，〔註141〕加上本身缺乏軍事訓練，武器裝備及軍事給養等，又往往舉家老小一起行動，戰鬥力與動員能力也受到影響，相較於官府軍早有準備的部署與組織，黃巾軍就顯現出他的分散性，這種分散性實是使起義導致被動的一個重要因素，〔註142〕最後則被漸趨主動進擊反攻的官軍所擊潰。

雖然黃巾民變在一年內（中平元年二月至十一月）被平息，但漢帝國政府再也未能恢復元氣，朝廷派去鎮壓起義的將軍擁兵自重，互相爭鬥，導致了延續數十年的內戰，〔註143〕而由於要用武力鎮壓黃巾民變，這就造成了地方的州牧、郡守擅兵執權，且民變雖平定，但地方上賊眾仍多、勢力仍強，朝廷在無法全面討平的情況下，允許歸降，但卻也使得地方叛服不一，叛亂紛起。

震動朝野的黃巾民變雖已告平定，但腐敗的東漢王朝並沒有因此而獲得轉機，皇權的根基反而由此動搖，州郡混戰也由此開始。〔註144〕農民鬥爭的燎原大火雖被撲滅，但反政府的行動卻未停歇，黃巾餘部仍在各地或暗或明地活動著。豪族地主與官軍藉由打壓黃巾餘部，順勢發展自身割據勢力，如果朝廷對於這些地方的割據勢力無力控管，並予以合法化制度的認同，那靈帝朝也將面臨一發不可收拾的局面，靈帝中平五年（188年）"改刺史，新置牧"〔註145〕，便是最關鍵的地方行政制度變革，不但埋下了州郡割據的惡果，且更加速了東漢的分裂與滅亡，這部分我們留待下一章繼續探討。

〔註140〕秦進才，〈黃巾起義領袖張角〉，《邢台學院學報》，2003：6，頁44。

〔註141〕翦伯贊主編，田餘慶編寫，《中國史綱要》，頁214。

〔註142〕朱大昀主編，《中國農民戰爭史》秦漢卷，頁282。

〔註143〕（美）伊佩霞，《劍橋插圖中國史》，濟南：山東畫報出版社，2001，頁59。

〔註144〕石弘，〈本爲拯民始造反卻當賊寇罵到今——論張角〉，《開封教育學院學報》，2000：6，頁42。

〔註145〕《後漢書》，卷8，〈孝靈帝紀第八〉，頁357。

【圖 4-1】東漢末年黃巾民變形勢圖

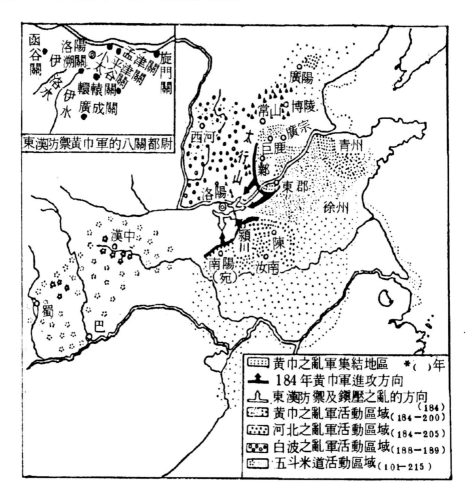

【附記】本圖轉引自蔡君謨主編,《文化中國之旅全集》第四冊——
歷史人物之旅（台北：華嚴出版社,1987）,頁 13。

第五章　戚、宦相爭之延續與擴大

　　在本文第二章的內容中，可看出東漢後期的政治環境裡，除了皇帝本身的權力以外，尚有三股政治勢力及其團體，也就是宦官集團、外戚集團以及官僚士大夫集團（參閱表 5-1）。皇權立於這三大政治團體之上，必須有效地進行領導統馭，並且取得三者的均勢與制衡，靈帝在防範、甚至打擊這三大政治集團的同時，卻又必須依賴、倚重他們，這也突顯出靈帝時期政局的複雜性、以及皇權與三大勢力之間的微妙關係。

　　東漢晚期的建寧元年（168 年），也就是靈帝即位前後之際，東漢政局爆發了兩次的黨錮之禍，第一次是在桓帝晚期的延熹九年（166 年）；第二次是在靈帝初期的建寧二年（169 年），而且延續了十餘年之久，兩次黨錮可以很清楚地看出皇權與宦官集團的聯合，對於外戚與官僚士大夫集團進行無情地打壓與摧殘，一直到了中平元年（184 年）黃巾民變爆發之際才"大赦"黨人，政治均勢於是再度產生變化。

　　本章將探討靈帝朝後期的發展，也就是黃巾民變爆發以後的政治局勢，探討靈帝如何掌握民變後對於三股政治勢力的制衡與統馭，將分節論述靈帝與官僚士大夫集團、宦官集團以及外戚集團之間的關係，以及地方行政制度的變革，所導致的軍閥割據之分裂局面，最後則以靈帝於中平六年（189 年）四月死於南宮，作爲本章之結尾。

第一節　靈帝與官僚士大夫集團

　　中平元年（184 年）十一月，由張角與其弟以太平道之宗教團體，發動反政府的「黃巾民變」，在官軍將領皇甫嵩、朱儁等人的征伐圍剿下，終告平息，也使得靈帝可以暫時鬆一口氣。

在同年二月亂起之前，已有司徒楊賜衛尉劉寬、司空張濟、御史劉陶提出張角以太平道聚眾，已有謀反之跡象，應加以捕捉圍剿以杜絕亂源（見第四章第三節），只可惜靈帝當時不以爲意，還將張角的太平道以“善道”〔註1〕視之。直到同年三月張角開始作亂，靈帝才對楊賜等人的諫言有所醒悟，雖已後知後覺，卻還能予以肯定重用，顯見靈帝朝的官僚士大夫雖經歷兩次黨錮之摧殘，但尚能以國事爲重，盡士人應有之職責且正直敢言。

但若就當時現實層面來理解，因爲東漢抑外重內的政策，使得官僚士大夫集團無法涉足宮廷深處的政治活動，圍繞皇權的鬥爭主要在宮廷內部的外戚與宦官之間展開。〔註2〕黨錮以來的靈帝朝，宦官集團的權勢一直佔著上風且持續不墜，反觀官僚士大夫集團卻是無從使力且有志難伸，面對敗壞政治、蒙蔽聖上的宦官集團，則顯得無計可施，只能僅求自保、難有作爲。

同年三月，也就是在民變初起時，靈帝接受中常侍呂強之諫言，大赦“黨人”（見第四章第三節），被禁錮的士人開始陸續回到朝堂，洛陽官署異常地沸騰起來，三公徵辟的任命一道道發向州郡，〔註3〕一時頗讓士人感到氣象一新，對於靈帝朝充滿向心與希望。

靈帝大赦黨人之舉，看似主動其實被動，不外乎是擔心黨人與黃巾的結合，將更不利於當時的局勢，可以說是情勢所逼之下的權宜之計，靈帝企圖通過“大赦黨人”來緩和統治集團內部的矛盾，並且共同鎮壓黃巾起義。〔註4〕然而這樣的權宜之計也給了靈帝在控制宦官與官僚集團方面，多了些籌碼與彈性，在鞏固皇權的前提下，靈帝順勢操弄兩手策略。

官僚士大夫集團中首先發難的是郎中中山張鈞，他在朝廷大赦黨人之後，隨及對宦官集團毫不留情地展開痛斥與批叛：

> 竊惟張角所以能興兵作亂，萬人所以樂附之者，其源皆由十常侍多放父兄、子弟、婚親、賓客典據州郡，辜榷財利，侵略百姓；百姓之冤無所苦訴，故謀議不軌，聚爲盜賊。宜斬十常侍，懸頭南郊，

〔註1〕《後漢書》，卷71，〈皇甫嵩傳第六十一〉，頁2299。
〔註2〕林維青，《被閹割的守護神──宦官與中國政治》，頁80。
〔註3〕于濤，〈靈獻之際的東漢政局〉，《歷史月刊》，1997：7，頁106。
〔註4〕余華青，《中國宦官制度史》，上海：人民出版社，1993，頁122。

以謝百姓，又遣使者布告天下，可不須師旅，而大寇自消。〔註5〕

這段諫言毫無遮掩地指出黃巾賊之所以作亂，宦官集團及其黨羽在中央、地方漁肉百姓實爲罪魁禍首，因此最好的平亂方法，就是誅殺十常侍來向百姓謝罪，藉以平息眾怒。憂國憂民之心溢於言表，不失黨人忠君愛民之本色，但在字裡行間，很清楚地嗅出黨人與宦官集團之間，自從黨禍以來的宿怨仍未消除，並且隨著宦官集團持續地作威作福、蒙蔽聖上，使彼此的怨懟日積月累且不斷的加深。

　　靈帝將張鈞的上書奏章特別示意給張讓等宦官們，對於宦官集團而言頗有警示作用，特別是宦官勢力過度膨脹將形成皇權以外的政治中心，〔註6〕勢必分割且危及皇權，因此靈帝可以順勢地"借力使力"，以黨人的力量來壓制宦官集團當時銳不可當的氣勢，以維護皇權自身在政治環境裡的至高點，儘可能達成各個政治團體的均勢狀態。

　　當然，擅於察言觀色的宦官們也隨即做出低姿態的反應，"皆免冠徒跣頓首，乞自洛陽詔獄，並出家財以助軍費。"〔註7〕宦官們先以自省以及戒甚恐懼的表現方式，來觀察揣度靈帝的真正態度。而靈帝以黨人來抑制宦官的目的達到後，當然繼續選擇與他最信任的宦官集團維持良好的關係，因此"有詔皆冠履視事如故"。〔註8〕靈帝非但不予追究，卻又反過頭來指責張鈞：

　　　　帝怒鈞曰：「此真狂子也。十常侍固當有一人善者不？」鈞復重上，
　　　　猶如前章，輒寢不報。〔註9〕

張讓等宦官們揣度靈帝的態度之後，立即對張鈞展開反擊：

　　　　詔使廷尉，侍御史考爲張角道者，御史承讓等旨，遂誣奏鈞學黃巾
　　　　道，收掠死獄中。〔註10〕

張鈞可以說是在靈帝大赦黨人之後，秉持著士人對國家興亡的使命感，不畏強權而義正辭嚴地公然挑戰宦官集團，這也代表著官僚士大夫集團期望靈帝在遭逢黃巾民變時能有所覺醒，能夠對於當時混沌的政治、社會環境有所整頓革新。張鈞如此輕易地爲宦官所害，顯見靈帝是不允許黨人勢力再度興起，

〔註5〕《後漢書》，卷78，〈張讓趙忠列傳第六十八〉，頁2535。
〔註6〕高兵，〈東漢末皇權對三大政治集團的態度〉，《齊魯學刊》，1998：5，頁81。
〔註7〕同註5。
〔註8〕同註5。
〔註9〕同註5。
〔註10〕《後漢書》，卷78，〈張讓列傳第六十八〉，頁2535。

威脅到靈帝自身的權力，也就是皇權本身，當然靈帝也不願意對他所依賴，以及並肩作戰的宦官集團來開刀治罪。

張鈞的死，爲官僚集團帶來衝擊與震憾，但也並非絕響，之後的侍中向栩亦隨及上書攻擊宦官：

> 會張角作亂，栩上便宜，頗譏刺左右，不欲國家興兵，但遣將於河
> 上北向讀孝經，賊自當消滅。中常侍張讓讒栩不欲令國家命將出師，
> 疑與角同心，欲爲内應。收送黃門北寺獄，殺之。〔註11〕

向栩當然知道張鈞因何而死，於是想以正統的儒學經典"孝經"來對抗太平道，因此他改採帶有宗教迷信的作法來對付張角，此舉雖可說是迷信至極，其實已可從中看出士人在以"正道"救國無效的情況下，似乎只能尋求旁門左道來期盼獲得認可，但最後仍難逃宦官毒手，遭誣陷下獄而被殺身亡。

這樣的士人氣節在當時屢屢得不到好的下場，劉陶曾向靈帝諫言張角將造反，因此從御史被封爲中陵侯，但又屢屢直諫而爲群宦所憎惡：

> 諸中官讒陶與張角通情，上遂疑之，收陶考黃門北寺。中官諷考，楚
> 毒極至。陶對使者曰：「朝廷前封臣，云何不恒其德，反用佞邪之譖？
> 臣恨不與伊、呂同儔，而與三人同輩。今上殺忠謇之言，下有憔悴之
> 民，亦在不久。然後悔於冤，臣將復何逮？」不食而死。〔註12〕

劉陶的死，對於官僚士大夫集團而言，又是再一次地嚴重挫敗與沉重的打擊，清流者憂國憂民而無法善終，濁流者貪婪腐敗卻發達得意，更形成了強烈的對比。

除了朝廷裡的官僚遭陷害，在前線賣命，與黃巾賊對峙的將領，也難逃群宦的讒言加害。例如以孝廉出身，在平黃巾民變上爲朝廷屢建勝績的護軍司馬傅燮，又是一個忠臣遭到宦官迫害的例子，他不畏張鈞犧牲性命之前例，嚴正地指出黃巾叛變之所以發生，在於朝政內部的腐敗不堪，且毫不避諱地直指是宦官亂政所造成：

> 臣聞天下之禍，不由於外，皆興於内。……今張角起於趙、魏，黃
> 巾亂於六州。此皆釁發蕭牆，而禍延四海者也。臣受戎任，奉辭伐
> 罪，始到潁川，戰無不剋。黃巾雖盛，不足爲廟堂憂也。臣之所懼，
> 在於治水不自其源，末流彌增其廣耳。陛下仁德寬容，多所不忍，

〔註11〕《後漢書》，卷81，〈向栩傳第七十一〉，頁2694。
〔註12〕《後漢紀》，卷23，〈孝靈皇帝紀上〉，頁474。

故閹豎弄權，忠臣不進。……陛下宜思虞舜四罪之舉，速行讒佞放
極之誅，則善人思進，姦凶自息。……使臣身備鈇鉞之戮，陛下少
用其言，國之福也。書奏，宦者趙忠見而忿惡。〔註13〕

傅燮的這番話，真誠地發自內心，在當時險惡的政治環境下，卻也可能是忠
言逆耳，甚至是危及自身性命的言論，於是遭致趙忠等宦官的痛恨。"及破
張角，燮功多當封，忠訴譖之，靈帝猶識燮言，得不加罪，竟亦不封，以為
安定都尉。以疾免。"〔註14〕所幸黃巾亂平後，傅燮因軍功在身而免遭殺身
之禍，但靈帝在顧及忠臣與宦官兩方面的考量下，對於屢建軍功的傅燮，竟
也採取"不罪"與"不封"的持中策略，這樣的結果相較於之前已犧牲性命
的張鈞、向栩以及劉陶等人，下場算是差強人意了。

　　飽讀古今經文，曾師事經學大師鄭玄的盧植，在靈帝建寧年間，徵為博
士，又於熹平年間"九江蠻反，四府選植才兼文武，拜九江太守，蠻寇賓服。"
〔註15〕可謂盡忠職守、文武兼備之材。中平元年逢黃巾變亂，拜為北中郎將，
起初屢傳捷報，在與黃巾軍對峙之際，因不肯向靈帝派遣視察軍情的宦官左
豐賄賂，卻也遭到左豐的誣蔑與挾怨報復：

角等保廣宗，植圍塹修梯，垂當拔之。上遣小黃門左豐觀賊形勢。
或勸植以賂送豐，植不從。豐言於上曰：「廣宗賊易破！盧中郎固壘
息軍，以待天誅。」上怒，植遂抵罪。〔註16〕

盧植因剛正不阿，拒賂閹宦而招致陣前換將與定罪，最後是因車騎將軍皇甫
嵩討平黃巾厥功甚偉，"盛稱植行師方略，嵩皆資用規謀，濟成其功。以其
年復為尚書。"〔註17〕在他的力保之下，盧植才得以復尚書職。

　　平黃巾軍居首功的皇甫嵩，是位很有聲望的名士，在亂平之後頗得民心，
"百姓歌曰：「天下大亂兮市為墟，母不保子兮妻失夫，賴得皇甫兮復安居。」"
〔註18〕如此有名望的人，也因公得罪宦官而遭到報復：

初，嵩討張角，路由鄴，見中常侍趙忠舍宅踰制，乃奏沒入之。又
中常侍張讓私求錢五千萬，嵩不與，二人由此為憾，奏嵩連戰無功，

〔註13〕　《後漢書》，卷58，〈傅燮列傳第四十八〉，頁1874。
〔註14〕　同上註。
〔註15〕　《後漢書》，卷64，〈盧植列傳第五十四〉，頁2114。
〔註16〕　《後漢紀》，卷24，〈孝靈皇帝紀中〉，頁476。
〔註17〕　同註15，頁2119。
〔註18〕　《後漢書》，卷71，〈皇甫嵩傳第六十一〉，頁2302。

> 所費者多，其秋徵還，收左車騎將軍印綬，削戶六千，更封都鄉侯，
> 二千戶。〔註19〕

宦官公然地進行公報私仇，又在索賄不得逞的情況下，隨即展開陷訴污衊的行動，連皇甫嵩這樣的功臣都難以倖免，更何況是其他廉潔的小官僚士大夫們。

以上的種種例證顯示，當宦官設陷質疑和破壞一個人時，他們幾乎總是成功。〔註20〕這樣悲慘結局教訓了忠心為國的官僚士大夫集團，使他們一方面失去了鬥爭的信心，另一方面不得不為自己的身家性命著想〔註21〕，忠君為民卻慘遭殺身之禍，士人變得越來越軟弱無力，他們在忠君思想的指導下，來與皇帝有直接利益關係的宦官作戰，其結果只能自取敗亡。〔註22〕士人前仆後繼的犧牲，與不斷摧折的情況下，使得士風開始產生了質變。

即使在黃巾民變平定以後，宦官集團仍掌握實權，並且協助靈帝以修宮之名義，不擇手段地向人民斂財（見下一節），耿直愛民的士人，不願剝削百姓，最後寧可以死諫明志：

> 時鉅鹿太守河內司馬直新除，以有清名，減責三百萬。直被詔，悵
> 然曰：「為民父母，而反割剝百姓，以稱時求，吾不忍也。」辭疾，
> 不聽。行至孟津，上書極陳當世之失，古今禍敗之戒，即吞藥自殺。
> 書奏，帝為暫絕修宮錢。〔註23〕

這些悲劇給當時活著的士人提供了參照，真正富有憂國憂民情感的中堅力量，慘遭威脅、摧殘與迫害，造成靈帝朝的士人經過自己的人生實踐，才認識到自己生存、安全與保障的切實與重要。〔註24〕在桓帝朝以前由外戚掌權時，一般都採取與官僚士大夫集團聯合，重用士大夫參政用人的政策，但是經歷了桓、靈兩次黨禍的無情摧殘之後，宦官完全掌權干政，也開始重用一批趨炎附勢的官僚在中央和地方任職，因此官僚士大夫集團有"清"、"濁"之分〔註25〕。"濁"者隨波逐流，為求名利、求生存而屈就於大環境的威勢

〔註19〕同上註，2304。

〔註20〕（英）崔瑞德主編，韓復智主譯，《劍橋中國史》，秦漢篇，頁380。

〔註21〕馬懷良，〈論東漢後期的黨錮之禍〉，《華中師院學報》，1983：4，頁38。

〔註22〕楊凱毅，〈淺談東漢末年黨錮之禍——范曄《後漢書‧黨錮列傳》簡評〉，《惠州大學學報》（社會科學版），1997：2，頁58。

〔註23〕《後漢書》，卷78，〈張讓趙忠列傳第六十八〉，頁2537。

〔註24〕張振龍、祝瑞，〈漢末士人自然理性的覺醒〉，《商丘師範學院學報》，2000：10，頁62。

〔註25〕高兵，〈東漢末皇權對三大政治集團的態度〉，《齊魯學刊》，1998：5，頁80。

與轉變，"清"者爲國家作出種種的努力，結果卻是遭到誣陷與迫害，於是對大環境感到消極與失望，特別是黨錮之禍發生後，部分黨人隱匿逃亡，得以存活，他們明確地認識到漢室的滅亡是任何人無法挽救的，〔註26〕於是轉而尋求安身立命而逐漸遠離政治。

官僚士大夫集團的社會拯救活動既難以改變外戚、宦官擅權的局面，也未能挽救日益加深的政治危機。〔註27〕特別是靈帝朝清流士人的"齊家、治國、平天下"理想在遭到現實的愚弄之後，他們想要活下去，就必須擺脫被摧殘、威脅、迫害的命運，對他們來說，現實生活已沒有意義，統治者所宣揚的，自己以前所追求的，都失去其存在的現實性和合理性，於是把人生的目的轉移到了對自我生命的保全和享樂、情感滿足之上。〔註28〕清流士人欲退不能、欲進不忍，深深地陷入了理想與現實、入世與出世的痛苦思索之中。〔註29〕於是東漢建國以來的淳美士風，在政治環境的變遷下，漸趨轉型爲"隱逸士風"，對於國家、政治的專注力，開始轉移到個人最基本的職分與功用，大我的精神已萎縮到小我的範疇。

這樣的風氣一直持續地影響魏晉時期的士大夫精神，由東漢的「清議」（見第二章第一節）到魏晉的「清談」，次序也變得相當明顯，〔註30〕因此靈帝朝的士風轉變，代表著士人游離於政局之外，作爲旁觀者注視著國家的命運，〔註31〕這樣的結果，已成爲下啓魏晉時期「清談」、「玄學」風氣之重要關鍵。

第二節　靈帝與宦官集團

隨著桓、靈兩次黨錮之禍的勝利，宦官們擊潰了外戚集團與官僚士大夫集團的聯合挑戰，最後是在君主本身的包庇縱容下，宦官成爲鬥爭之後的獲勝者（見第二章第一節），奠定了他們在靈帝朝的獨霸地位，不但控制了最高

〔註26〕孫明君，《漢末士風與建安詩風》，台北：文津出版社，1995，頁30。
〔註27〕朱順玲，〈東漢後期士大夫社會拯救活動述論〉，《鄭州大學學報》（哲學社會科學版），2005：5，頁136。
〔註28〕張振龍、祝瑞，〈漢末士人自然理性的覺醒〉，《商丘師範學院學報》，2000：10，頁62。
〔註29〕孫念超，〈東漢後期清流士人心態探析〉，《商丘師範學院學報》，2002：2，頁65。
〔註30〕陳啓雲，《漢晉六朝文化、社會、制度——中華中古前期史研究》，頁71。
〔註31〕于濤，〈靈獻之際的東漢政局〉，《歷史月刊》，1997：7，頁106。

的統治權力，也如同外戚集團一樣，提拔自己的家人親戚，又透過操控中央的賣官與地方的察舉制度，結合與外戚不同的豪強和官僚，廣泛地樹立黨羽，勢力遍於各州郡，對東漢各級的官僚機構，造成很大的衝擊，〔註 32〕官僚士大夫集團對於將國家政治權力私有化的宦官集團，發動了最後一次也是最大規模的權力鬥爭，〔註 33〕但仍告失敗。此後，宦官集團聲勢達到最高峰，形成靈帝朝最強大的政治勢力。

　　靈帝在位期間的二十年，代表了漢代歷史中最漫長不斷的宦官統治時期，特別是受靈帝的信任與保護後，宦官具有強大而持久的權力。〔註 34〕自靈帝即位（169 年）至黃巾民變爆發（184 年）的這段期間，宦官集團內部也產生了新陳代謝的變化。例如熹平元年（172 年）"太僕侯覽專權驕恣，詔收印綬，覽自殺，阿黨者皆免。"〔註 35〕，專橫一時的宦官侯覽畏罪自殺；光和二年（179 年）"中常侍冠軍將軍王甫奉職多邪姦以事上，其所彈糾，皆曰睚眦。"〔註 36〕第二次黨禍統領禁軍包圍竇武的宦官王甫，也死於獄中；光和四年（181 年），曹節亦老死。

　　在兩次黨禍以後，掌控握大權的重要宦官陸續過往凋零。如同前段內容所述，靈帝利用光祿勛楊賜的建議，便收侯覽印綬且追查其罪，逼得侯覽不得不自殺；又使司隸校尉陽球治王甫罪，王甫最後也死於杖下。從侯覽以及王甫的死來觀察，這可視爲是靈帝時期製造的"宦官之禍"〔註 37〕，可見靈帝對於宦官集團並非一味地依賴與放縱，對於蠻橫專權且侵犯到自身皇權的權宦，靈帝仍會利用官僚士大夫集團加以壓抑與制衡。

　　在靈帝朝漸漸展露頭角的宦官是張讓與趙忠：

　　　靈帝時，讓、忠並遷中常侍，封列侯，與曹節、王甫相爲表裏。節死
　　　後，忠領大長秋。讓有監奴典任家事，交通賄賂，威形諠赫。〔註 38〕

張讓、趙忠在桓帝時已任職小黃門，〔註 39〕靈帝即位後，兩人都由小黃門升

〔註 32〕冷冬，《被閹割的守護神──宦官與中國政治》，頁 88。

〔註 33〕度邊義浩，《後漢国家の支配と儒教》，頁 394。這裡的權力鬥爭指的是第二次黨錮之禍。

〔註 34〕（英）崔瑞德主編，韓復智主譯，《劍橋中國史》，秦漢篇，頁 380。

〔註 35〕《後漢紀》，卷 23，〈孝靈皇帝紀上〉，頁 457。

〔註 36〕《後漢紀》，卷 24，〈孝靈皇帝紀中〉，頁 469。

〔註 37〕高兵，〈東漢末皇權對三大政治集團的態度〉，《齊魯學刊》，1998：5，頁 81。

〔註 38〕《後漢書》，卷 78，〈張讓趙忠列傳第六十八〉，頁 2534。

〔註 39〕《後漢書》，志 26，〈百官三〉，頁 3594。「小黃門，六百石：宦者，無員。掌

遷中常侍，〔註40〕並封列侯，中常侍之職是宦官中權勢最大者，又是皇帝最親信的人，因此相當容易專制朝權。在靈帝朝宦官集團的新陳代謝中，張讓、趙忠曾與王甫與曹節共事，並成爲其接班人，張讓負責靈帝財政運作的幕後操縱者，專門爲靈帝賣官鬻爵以及收索賄賂的幕後高手，趙忠更接替了曹節大長秋〔註41〕的位置，這兩人儼然已成爲靈帝中晚期權宦的帶頭者，其權勢尤勝之前的王甫與曹節：

> 是時讓、忠及夏惲、郭勝、孫璋、畢嵐、栗嵩、段珪、高望、張恭、
> 韓悝、宋典十二人，皆爲中常侍，封侯貴寵，父兄子弟布列州郡，
> 所在貪殘，爲人蠹害。〔註42〕

這十二人代表靈帝朝最具權力的新宦官集團，統稱爲「十常侍」，除此之外，靈帝朝宦官任用的人數迅速增加，〔註43〕在漢朝初年，宦官的數目不過數十人，〔註44〕但在靈帝去世之際，"司隸校尉袁紹樊陵，河南尹許相，勒兵捕中官，無少長皆誅之，死者二千餘人。"〔註45〕宦官人數已膨脹到兩千人。這樣龐大的人數實前所未有，這代表宦官集團的聲勢鼎沸，倘若再加上他們的家族勢力在州郡的延伸，以及攀附他們的豪強黨羽，宦官集團已成爲一股強大且縱橫朝野的"濁流"惡勢力。

中平元年（184年）黃巾民變爆發，對於宦官集團產生不小的衝擊。特別是靈帝從中常侍呂強之諫言，認爲黃巾民變是由於十二名宦官的殘酷需索和禁錮所造成的，因此必須大赦"黨人"，以避免黨人與黃巾軍的合流，並且可以起用他們來打壓黃巾叛軍（見第四章第三節），因而被禁錮的士人開始陸續回到朝堂。

然而建議靈帝大赦"黨人"者，除了皇甫嵩之外，另一位更具關鍵性的

侍左右，受尚書事。上在宮內，關通中外，及中宮已下眾事。諸公主及王太妃等有疾苦，則使問之。」
〔註40〕同上註，頁3593。「中常侍，千石：宦者，無員，後增秩比二千石。掌侍左右，從入內宮，贊導內眾事，顧問應對給事。」
〔註41〕《後漢書》，志27，〈百官四〉，頁3606。「大長秋一人，二千石：承秦將行，宦者。景帝更爲大長秋，或用士人。中興常用宦者，職掌奉宣中宮命。凡給賜宗親，及宗親當謁見者關通之，中宮出則從。」
〔註42〕《後漢書》，卷78，〈張讓趙忠列傳第六十八〉，頁2534。
〔註43〕蕭璠，〈關於漢代的宦官〉，收於《中國歷史論文集》，台北：台灣商務印書館，1986，頁590。
〔註44〕（英）崔瑞德主編，韓復智主譯，《劍橋中國史》，秦漢篇，頁379。
〔註45〕《後漢紀》，卷25，〈孝靈皇帝紀下〉，頁497。

人物卻是中常侍呂強，在宦官集團當中，呂強"爲人清忠奉公，辭讓懇惻"
〔註46〕，曾針對靈帝奢華的習性，以及放任其他宦官侵凌百姓等事項來勸諫
靈帝（見第二章第三節），雖說忠言逆耳，當時未被靈帝採納，但呂強卻有
別於其他宦官的奉承阿諛，使靈帝留下深刻印象。於是在黃巾賊造反之際，
靈帝馬上想到詢問呂強的意見：

> 強欲先誅左右貪濁者，大赦黨人，料簡刺史、二千石能否。帝納之，
> 乃先赦黨人。於是諸常侍人人求退，又各自徵還宗親子弟在州郡者。
> 〔註47〕

呂強不以中常侍身份而隱匿包庇宦官集團的惡行，盡忠相忍爲國，誠屬難能
可貴，但此舉卻也招致趙忠等中常侍的憎恨與誣陷，並對呂強展開反撲，"中
常侍趙忠、夏惲等遂共構強，云「與黨人共議朝政，數讀霍光傳，強兄弟所
在並皆貪穢。」帝不悅，使中黃門持兵召強"〔註48〕最後呂強選擇自殺，以
死明志。這顯示了宦官集團的凝聚力強且立場一致，是不容許有其他危害自
身利益的不同雜音出現。

大赦黨人的轉折使得宦官集團相當不安，因爲官僚士大夫集團中屢次上
疏指出黃巾軍起，萬人歸附響應，原因都是十常侍等閹宦的族群黨羽漁肉百
姓所造成的（見上一節）。再加上宦官集團當中"以中常侍封諝、徐奉等爲內
應"〔註49〕，被查獲充當黃巾軍內應，以及密謀造反的勾當。這些不利的發
展對宦官集團而言，的確已造成極爲嚴重的致命傷，相對於官僚士大夫集團，
這正是最佳的攻擊時機與焦點所在，並且可一吐"黨錮"以來的怨氣，更期
盼可以去除"黨人"長久以來，遭受污名化的冤屈。

可是靈帝也不樂見官僚士大夫集團恢復膨脹得過於迅速，進而威脅到皇
權，因此靈帝的態度是當某一政治集團危及皇權時，就利用另一集團對其進
行打擊，〔註50〕以取得均衡勢力的發展。於是正直敢言的張鈞、向栩以及劉
陶等人，遭到誣陷而慘死，屢建軍功的傅燮、盧植以及皇甫嵩，也被宦官告
狀而受處分（見上一節），這些決策的背後，顯然是靈帝所允許的。

宦官集團很敏銳地嗅出靈帝的作法，並且將危機巧妙地化爲轉機：

〔註46〕《後漢書》，卷78，〈呂強列傳第六十八〉，頁2528。
〔註47〕同上註，頁2533。
〔註48〕同註46，頁2533。
〔註49〕《後漢書》，卷71，〈皇甫嵩列第六十一〉，頁2299。
〔註50〕高兵，〈東漢末皇權對三大政治集團的態度〉，《齊魯學刊》，1998：5，頁81。

> 而讓等實多與張角交通。後中常侍封諝、徐奉事獨發覺坐誅，帝因
> 怒詰讓等曰：「汝曹常言黨人欲爲不軌，皆令禁錮，或有伏誅。今黨
> 人更爲國用，汝曹反與張角通，爲可斬未？」皆叩頭云：「故中常侍
> 王甫、侯覽所爲。」帝迺止。〔註51〕

宦官集團順勢地將黃巾民變時"封諝、徐奉等內應"的責任推給在前幾年即
已死亡並已失寵的侯覽和王甫身上，以取得靈帝的信任。從這段史料中也可
看出，靈帝在官僚士大夫集團以及宦官集團之間，力行兩手策略，一方面大
赦黨人來制衡宦官；另一方面又壓制黨人勢力的再興，在兩股勢力之間力求
相互約束與制衡。

　　隨著黃巾軍的弭平，靈帝朝如釋重負，靈帝對於宦官集團也愈加信任，
於是在中平二年（185年），也就是平亂的次年，"六月，以討張角功，封中
常侍張讓等十二人爲列侯。"〔註52〕眞正拼死作戰、立下汗馬功勞的傅燮、
盧植以及皇甫嵩，因宦官讒言而無法受封領賞；反觀無功的宦官集團卻順利
封侯，可見宦官在靈帝後來的統治期間仍是最有權力的人，不論有什麼質疑
和破壞他們的計謀，他們都能安然渡過，〔註53〕這樣的結果，對於官僚士大
夫集團無非又是一項沉重的打擊，士人節義也再次地消磨殆盡。

　　不僅如此，靈帝朝還"大赦天下"表示慶功和封賞宦官及官僚，卻絲毫
沒有進行檢討與分析民變興起的原因，更不可能去注意到減輕一些農民的負
擔，甚至可以說顯得更爲腐敗了。〔註54〕中平二年（185年），京城南宮發生
火災，燒毀了一部分的宮殿，張讓和趙忠隨及建議靈帝，以修繕宮殿之名義
爲藉口，進一步地向人民搜括，名爲"畝十錢"。除此之外，又命令各州郡
運送修宮所需的石材木料，以百般刁難的方法從中獲取暴利：

> 己酉，南宮雲臺災。庚戌，樂成門災，延及北闕嘉德殿、和歡殿。……
> 收天下田畝十歲以治宮室，州縣送材及石，貴戚緣賤買入己，宮皆
> 先經貴戚然後得中，宮室連年不成，天下騷擾，起爲盜賊。〔註55〕

宦官們對這些建材挑剔而拒絕使用，各州郡只好以賤價賣給宦官，只有原先
價值的十分之一，宦官們樂得轉手賣出，藉機大撈一票、從中謀取暴利。州

〔註51〕《後漢書》，卷78，〈張讓趙忠列傳第六十八〉，頁2535。

〔註52〕《後漢紀》，卷25，〈孝靈皇帝紀下〉，頁485。

〔註53〕（英）崔瑞德主編，韓復智主譯，《劍橋中國史》，秦漢篇，頁380。

〔註54〕朱大昀，《中國農民戰爭史》秦漢卷，頁283。

〔註55〕《後漢紀》，卷25，〈孝靈皇帝紀下〉，頁484。

郡的地方官蒙受嚴重損失，最終的方法又是向老百姓剝削征發，苦的還是平民百姓們，宮殿連修好幾年都未能修成。如此勞動損耗州郡物資民力還不夠，中常侍們又特派"中使"前往州郡催討建材，以收索更多的賄賂利益，"凡詔所徵求，皆令西園騶密約勒，號曰「中使」，恐動州郡，多受賕賂。"〔註56〕如此惡性循環的情況下，人民不堪其擾，便相率為盜賊，中央朝政更加腐化，地方人民對政府更加地離心。

這樣的剝削，宦官們仍不滿足，張讓、趙忠又唆使靈帝下詔規定新任以及調任官職，都必須強制捐錢助軍與修宮，大郡必須繳交二三千萬不等的金額，要當官的就必須到西園評定官位大小所必須交出的金額數字，交錢後才可以上任，有錢不交的，就不得上任或者是逼迫自殺。如此的惡行惡狀，已經是變相的公然勒索：

> 刺史、二千石及茂才孝廉遷除，皆責助軍修宮錢，大郡至二三千萬，
> 餘各有差。當之官者，皆先至西園諧價，然後得去。有錢不畢者，
> 或至自殺。其守清者，乞不之官，皆迫遣之。〔註57〕

宦官貪狠的作法，逼得體恤百姓疾苦的鉅鹿新任太守司馬直，痛陳當政之弊、古今禍敗之誡，不惜仰藥自殺，以死諫明志（見上一節）。或許是如此悲壯之舉，觸動了靈帝的心，靈帝在看完司馬直的上書後，才暫停徵收官吏的修宮錢。

之前我們曾論及靈帝的出身背景，他雖是貴為皇室宗親，卻也因劉氏的分枝眾多而式微貧窮（見第二章第一節），加上靈帝母親董后虛容愛財的性格，再再地影響了靈帝無窮的貪財私慾。靈帝常感歎："桓帝不能作家，曾無私錢，故為私藏。"〔註58〕敏銳度極高的張讓、趙忠集團便投靈帝所好，為靈帝廣事聚斂，自己也趁機巧取豪奪，〔註59〕並將國家財產當作私人所有，為方便收藏大量的錢財奇貨，於是又於西園打造了萬金堂：

> 又造萬金堂於西園，引司農金錢繒帛仞積其中；又遷河間買田宅，
> 起第觀。……復藏寄小黃門常侍家錢各至數千萬。〔註60〕

〔註56〕《後漢書》，卷78，〈張讓趙忠列傳第六十八〉，頁2535。
〔註57〕《後漢書》，卷78，〈張讓趙忠列傳第六十八〉，頁2535。
〔註58〕《後漢紀》，卷25，〈孝靈皇帝紀下〉，頁487。
〔註59〕張玉法總校訂，劉漢東編著，《中國歷史人物‧奸臣評傳1‧先秦——三國》，
〈張讓‧趙忠〉，台北：萬象圖書公司，1993，頁215。
〔註60〕同註57。

將大司農的公有財產納入靈帝的私有萬金堂，還未雨綢繆地在河間老家廣置土地，修大宅府第，將聚斂來的錢財轉換成不動產，甚至還有爲財產存放分擔風險的觀念，將私藏的錢分別寄放在親信的宦官們手裡，或許是靈帝本身年幼時期窮怕了，再加上自己母親與身旁宦官們的推波助瀾下，使得靈帝欲求不滿，緊緊抓住每一個可以聚積錢財的機會。

宦官集團蒙蔽靈帝，以及對靈帝的謊言相欺，最典型的事例就是阻止、恐嚇靈帝的登高，深怕其豪華宅第爲皇帝所見：

> 由是中官專朝，奢僭無度，各起第宅，擬制宮室。上嘗登永安樂侯臺，黃門常侍惡其登高，望見居處樓殿，乃使左右諫曰：「天子不當登高，登高則百姓虛。」自是之後，遂不敢復登臺榭。〔註61〕

如此大膽而荒唐之事蹟，也難怪范曄《後漢書》〈孝靈帝紀〉裡，將這樣的事蹟拿來與"趙高謾二世，指鹿爲馬"〔註62〕相比擬，認爲兩者實有同工異曲之處。

中平三年（186年）南宮修竣完成，裡頭又有極盡奢華的擺設，在東闕與北闕門，放置了銅鑄成的四個銅人與四個大鐘，容積都有兩千斛，宮門外也有銅鑄的奇獸與蛤蟆，嘴裏都能吐出水來，然後引水入宮：

> 遂使鉤盾令宋典繕修南宮玉堂。又使掖庭令畢嵐鑄銅人四列於倉龍、玄武闕。又鑄四鐘，皆受二千斛，縣於玉堂及雲臺殿前。又鑄天祿蝦蟇，吐水於平門外橋東，轉水入宮。〔註63〕

富麗堂皇、雄偉壯觀的種種，正是宦官集團助長靈帝貪婪聚斂以及奢靡豪華的具體表徵，靈帝沉浸在平亂後虛幻的太平盛世裡，與平民百姓之間的距離，似已漸行漸遠且遙不可及。

由此看來，靈帝與宦官集團之間，已建立在共同利益的同一陣線上，彼此達到了相當程度的信任與依賴，而原本對於宦官有所制衡的官僚士大夫集團，卻也在靈帝晚期的政局裡顯得無從使力，士人似乎只成爲朝廷的妝點，仍舊游離於政局之外，作爲旁觀者注視著國家的命運，〔註64〕靈帝與宦官集團的緊密結合，使得宦官集團的權勢，增加了寬度與廣度及其份

〔註61〕《後漢紀》，卷25，〈孝靈皇帝紀下〉，頁487。
〔註62〕《後漢書》，卷8，〈孝靈帝紀第八〉，頁359。
〔註63〕《後漢書》，卷78，〈張讓趙忠列傳第六十八〉，頁2537。
〔註64〕于濤，〈靈獻之際的東漢政局〉，《歷史月刊》，1997：7，頁106。

量，干政的程度以及權力所及的範圍，已遠遠超出宦官存在的原始目的，也就是最早爲了確保宗法制度血緣純正的保證下，在皇帝身邊所設置的「中性」奴隸。〔註65〕相反地，靈帝朝的宦官權勢已如日中天，權宦專權已達到"竊持國柄，手握王爵，口含天憲"〔註66〕的地步，不僅是在政治、經濟上能夠呼風喚雨、獨當一面之外，其影響力更滲入在祭祀典禮、軍事、司法與社會文化等各個層面：

（一）祭祀典禮方面：自古以來，祭祀與典禮均屬國家重要之事，東漢的宦官已成爲皇帝的特殊使者，來主持這方面的活動。〔註67〕劉宏從解瀆侯被策立爲靈帝後，爲其祖父母、父母封策廟號，並且"皆置令、丞，使司徒持節之河閒奉策書、璽綬，祠以太牢，常以歲時遣中常侍持節之河閒奉祠。"〔註68〕，靈帝時常遣中常侍擔任祭祀祖先的重責大任，可見宦官之權職，已擴及到國家最神聖且重視的祭祀典禮上。

（二）軍事方面：東漢宦官部分地掌握了監軍、統轄禁軍等職務，這對宦官來說如虎添翼，靈帝時在鎮壓農民起事中，宦官獲得軍事上的實權。〔註69〕討黃巾軍有功之將領，皇甫嵩、盧植等人因拒絕了靈帝所派任監軍宦官的索賄（見上一節），都遭到了懲處。

在銜領軍職方面，中平三年（186年）"中常侍趙忠爲車騎將軍。"〔註70〕又於中平五年（188年）"八月，初置西園八校尉。"〔註71〕其中的蹇碩更統領了最高的軍職，"帝以蹇碩壯健而有武略，特親任之，以爲元帥，都司隸校尉以下，雖大將軍亦領屬焉。"〔註72〕成爲中國歷史上第一位宦官元帥，手中有將有兵，但他並不率領他們去打仗，而是坐鎮朝廷，以御四方，其權限比起一般的軍事元帥來說要大得多，〔註73〕靈帝起用宦官蹇碩爲上軍校尉、典領禁

〔註65〕冷冬，《被閹割的守護神——宦官與中國政治》，頁5。
〔註66〕《後漢書》，卷43，〈朱樂何列傳第三十三〉，頁1471。
〔註67〕馬良懷，〈兩漢宦官考〉，《中國史研究》（北京），1987：1，頁82。
〔註68〕《後漢書》，卷55，〈章帝八王傳第四十五〉，頁1809。
〔註69〕同註64，頁89。
〔註70〕《後漢書》，卷8，〈孝靈帝紀第八〉，頁352。
〔註71〕同上註，頁356。注引樂資山陽公載記曰：「以小黃門蹇碩爲上軍校尉，虎賁中郎將袁紹爲中軍校尉，屯騎都尉鮑鴻爲下軍校尉，議郎曹操爲典軍校尉，趙融爲助軍校尉，馮芳爲助軍右校尉，諫議大夫夏牟爲左校尉，淳于瓊爲右校尉：凡八校（尉），皆統於蹇碩。」
〔註72〕《後漢書》，卷69，〈何進列傳第五十九〉，頁2247。
〔註73〕馬良懷，〈兩漢宦官考〉，《中國史研究》（北京），1987：1，頁84。

軍，此舉於是又重新引起外戚和宦官集團之間的矛盾，〔註74〕而具體的呈現就是靈帝晚期，宦官集團已掌握當時軍事大權的最頂峯。

（三）司法方面：東漢時設有一座特殊監獄，名爲"北寺獄"，因爲屬黃門署，故又曰"黃門北寺獄"。北寺獄是一座由宦官掌管的特殊監獄，它主管監禁、審訊將相大臣，凡重大案件，均由中常侍出面審理，然後直接向皇帝呈報。〔註75〕靈帝朝的宦官集團得以利用專屬的司法機關來陷害政敵，凡攻擊宦官之人均執送黃門北寺獄，由宦官審問。〔註76〕桓、靈兩次黨錮，"遂執蕃送黃門北獄寺……即日害之。"〔註77〕清流陳蕃、李膺、范滂等百餘人皆坐系黃門北寺獄而死。

不僅於黨錮之際，宦官集團濫用司法、公報私仇，在黃巾民變爆發，靈帝大赦黨人之際，宦官也一再地利用黃門北獄寺來誣陷忠直敢言的官僚士大夫（見上一節），如張鈞、向栩以及劉陶等人，均慘遭宦官陷害致死，這些案例皆可明顯看出，靈帝朝宦官集團對於司法干涉與濫用的程度之深。

（四）社會文化方面：隨著宦官在政治、經濟……等方面日益隆盛之際，社會地位也跟著提升，表現在娶妻納妾、養子襲封、行喪建墳等。〔註78〕然而影響文化層面最深遠的是"鴻都門學"（見第二章第二節），是靈帝時宦官集團所創辦的學校，這用來和士大夫太學生們的太學互相較量，並藉此打擊士大夫任官之仕途，來擴大宦官的社會基礎，以維持其優越的統治地位。

綜觀靈帝與三大政治團體的互動過程中，宦官集團佔盡了優勢，特別是在第二次黨錮時，打敗了外戚集團與官僚士大夫集團的聯手攻擊後，更加確立與鞏固了宦官集團在靈帝朝的獨霸局面。雖然靈帝偶爾借助官僚士大夫力量來扼止宦官勢力的過度膨脹，但基本上，宦官聲勢的坐大，很大程度上是皇帝放縱庇佑的結果，〔註79〕特別是靈帝與宦官集團密切的互動關係，是建立在共同的興趣與嗜好上，也就是汲汲於聚斂貪婪的偉大事業，彼此互相提攜、信任與依賴，直到靈帝病死前，宦官集團仍是獨當一面。

〔註74〕林劍鳴，〈秦漢史〉，頁958。
〔註75〕同註73，頁82。
〔註76〕王連升，《中國宮廷政治》，太原：山西教育出版社，1992，頁191。
〔註77〕《後漢書》，卷66，〈陳蕃列傳第五十六〉，頁2170。
〔註78〕同註73，頁86。
〔註79〕王連升，《中國宮廷政治》，頁198。

第三節　靈帝與外戚集團

之前我們曾論及到，東漢政權是依靠豪族力量建立起來的王朝，成就光武帝劉秀建立東漢政權的功臣親戚，也是豪族。因此，東漢時期皇室的嫁娶，皆不出世家大族，也就是說當時君主的后妃，大多選自豪族之家，〔註80〕有資格成爲皇帝的母族、妻族者，也通常是豪族中的佼佼者，外戚集團於是代表了上層豪強地主的政治利益，成爲一股強大的政治勢力。於是在統治集團中，外戚的特殊之處，在於他們與一般官僚士大夫不同，他們能憑藉與皇帝的聯姻關係，獲得尊貴的政治地位和高人一等的特權，〔註81〕但他們的才能與道德操守，卻是有待商榷。

原本豪族地主與東漢皇室的根本利益是相互一致的，但在具體權力和利益的分配過程中，兩者之間因立場不同而有所矛盾，外戚后族爲豪族地主政治勢力的代表，外戚專權即反映了豪族地主把持朝政的政治要求。〔註82〕隨著外戚集團勢盛，皇權嚴重遭受侵蝕，這往往也促成了皇權與宦官集團的合作，皇帝借助於宦官的力量來消滅母系外戚的勢力，藉以鞏固專制皇權，也就是本章第一節所強調的，皇帝必須維持皇權之下各個政治團體之間的均勢、均衡。

本節我們就靈帝時期的母系與妻系之外戚勢力的發展歷程，依序介紹母系竇氏；妻系宋氏、何氏與王美人；以及最後母系董氏與妻系何氏之間的鬥爭。

一、母系竇氏的敗亡

在第二章我們曾提到東漢自和帝以來，小皇帝輩出，又因爲小皇帝年少，掌握不了權力，權力歸於年輕母后，年輕的婦女不出閨房，不曉世事，她們又把權力交給自己的父親兄弟，外戚們因此喧囂一時，不可一世，〔註83〕尤其是在年幼君主即位時，母后臨朝無疑是一種行之有效的權宜之計，所以也不難發現，外戚想要專權，常會利用小皇帝的年幼無知，〔註84〕在皇帝死亡、新帝未立之權力交接的真空狀態下，外戚集團的勢力便可趁機介入。靈帝朝

〔註80〕崔向東，《漢代豪族研究》，頁142。

〔註81〕王連升，《中國宮廷政治》，頁143。

〔註82〕余華青，《中國宦官制度史》，頁114。

〔註83〕同註81。

〔註84〕王林子，〈兩漢外戚宦官專權問題論述〉，《天水師專學報》（哲社版），1996：
　　　　1，頁76。

初立之際，就是一個明顯範例。靈帝十二歲即位，皇太后竇氏臨朝，認命竇武為大將軍，並充分掌握政權，這樣的安排，符合了范曄在《後漢書》〈皇后紀〉裡所提到"莫不定策帷弈，委事父兄，貪孩童以久其政，抑明賢以專其威。"〔註85〕的原則道理。

靈帝即位，正處於兩次黨錮之禍之間、權力鬥爭最為激烈敏感的關鍵時刻，皇權之下的政治勢力未能取得均衡，宦官集團、外戚集團以及官僚士大夫集團正展開殘酷激烈的權力鬥爭，皇權的威勢在外戚集團的積極介入並且與官僚士大夫集團的聯合下，促使了皇權與宦官集團站在同一陣線上，雖然當時年僅十三歲的靈帝並不了解「黨錮」這個詞彙的意思，但是身邊的宦官們向他解釋這表示「黨」陰謀反抗政府，靈帝即認可了詔書，第二次的黨錮於是開始，〔註86〕對於外戚集團以及官僚士大夫集團進行無情的摧折與打擊。這樣的過程，姑且不論是否因為靈帝年幼無知，遭宦官所挾持利用，但就局勢的發展與結果，可以確定的是當時皇權與宦官集團之間已呈現出緊密的結合。

建寧二年（169年）的第二次黨錮之禍，專權的竇氏被宦官屠殺殆盡，竇太后被幽禁於南宮雲臺，不久患疾身亡。同年，即熹平元年（172年），雖然"禮葬皇太后"的問題，曾引起宮廷內部皇權、宦官集團以及官僚士大夫集團之間的激烈論戰與角力（見第二章第二節），但靈帝最後以"（竇氏）雖犯惡逆，後有大德於朕。"〔註87〕為理由，駁回了宦官集團僅以"貴人禮"對待竇太后的主張，堅持以"太后禮"來禮葬竇太后。靈帝這樣的堅持，一方面對於當時氣勢凌人的宦官集團適時地給予抑制，另一方面，隨著竇氏的凋零殆盡，皇權對於上代外戚已無須加以防範，〔註88〕靈帝朝母系竇氏的外戚勢力也因此提前結束，並完全地撤出了靈帝朝的政治舞台。

二、妻系宋氏、何氏與王美人

在妻系外戚勢力方面，隨著靈帝的好惡以及宦官勢力的介入，因而充滿了變數。建寧四年（171年）"秋七月癸丑，立皇后宋氏。宋隱之從孫也，也

〔註85〕《後漢書》，卷10，〈皇后紀〉上，頁401。

〔註86〕（英）崔瑞德主編，韓復智主譯，《劍橋中國史》，秦漢篇，頁379。

〔註87〕《後漢紀》，卷23，〈孝靈皇帝紀上〉，頁459。

〔註88〕高兵，〈東漢末皇權對三大政治集團的態度〉，《齊魯學刊》，1998：5，頁81。

選掖庭，立爲皇后。"〔註89〕宋皇后出身豪族世家，可追溯至章帝時代"肅宗宋貴人之從曾孫"〔註90〕，如前所述，東漢君主的后妃，大多選自豪族之家，靈帝朝當然也不例外。

若以靈帝本身或者是宦官集團對於皇后人選的考量，自然不希望像前朝曾出現的強勢外戚，如竇氏、梁氏……一般，嚴重地威脅皇權以及宦官權益的世家大族，來擔任靈帝的皇后。宋氏雖有世家大族的背景，但在當時朝廷中並沒有任何的勢力根基作爲奧援與靠山，〔註91〕因此她的條件符合了靈帝、宦官以及官僚之各方勢力的需求，於建寧四年（171年）登上了皇后的寶座。

宋氏的皇后生活並不順遂，以後宮的妃嬪來說，母以子貴、子榮母貴是自古不變的最高法則，很可惜的是，宋皇后並沒有順利帝爲靈帝生下男兒子，這自然也影響到她在靈帝心中的地位。除了靈帝喜好的因素之外，"后無寵而居正位，後宮幸姬眾，共譖毀。"〔註92〕後宮裡現實的爭權奪利，也讓宋皇后孤立無援，后座顯得搖搖欲墜、岌岌可危，尤其當靈帝對宋皇后完全沒有興趣，且將專注力集中在其他嬪妃身上，而這個嬪妃又能夠懷有龍子的時後，宋皇后非僅遭受冷落，甚至后座也恐將不保。

這位何姓美女的出身有別於其他豪門出身的嬪妃，她來自於南陽一貧賤的屠戶，"靈思何皇后諱某，南陽宛人。家本屠者，以選入掖庭。"〔註93〕何氏的家人卻以財貨賄賂而使何女入選進宮，以何氏不入流的身份進入宮中，原本想要迅速地得寵於靈帝是幾近不可能的，但憑藉著她的姿色與手段，以及當時最有影響力的宦官集團推波助瀾下，卻很快的得到了靈帝的寵幸。

首先是何氏於熹平五年（176年），很爭氣的爲靈帝也爲自己生下了皇子辯，"生皇子辯，養於史道人家，號曰史侯。后拜爲貴人，甚有寵幸。性彊忌，後宮莫不震攝。"〔註94〕使得靈帝對何氏寵幸有加，隨及將何氏由嬪妃晉升爲貴人，何氏也因此更加地恃寵而驕，並開始干預朝政，態度更是變得

〔註89〕《後漢紀》，卷23，〈孝靈皇帝紀上〉，頁455。
〔註90〕《後漢書》，卷10，〈皇后紀〉下，頁448。
〔註91〕徐難于，《漢靈帝與漢末社會》，頁184。
〔註92〕《後漢書》，卷10，〈皇后紀〉下，頁448。
〔註93〕《後漢書》，卷10，〈皇后紀〉下，頁449。注引風俗通曰，漢以八月采女選嬪。后家以金帛賂遺主者以求入也。
〔註94〕同上註，道人謂道術之人也。注引獻帝春秋：「靈帝數失子，不敢正名，養道人史子眇家，號曰史侯。」

強悍且善嫉。當時光祿大夫楊賜以及議郎蔡邕都曾上書批判何貴人以色邀寵、陵尊逾制……，但此時的何貴人卻爲宦官們所看重，認爲何貴人可以取代宋皇后地位。

　　宦官們對於宋皇后的負面觀感起因於桓帝時，皇室宗族（桓帝之親弟）勃海王劉悝與宦官王甫之間的恩怨。桓帝延熹八年（165 年），劉悝因罪由勃海王被貶爲瘿陶王，劉悝爲尋求復國，因此找上了當時權傾一時的中常侍王甫，賄賂他向桓帝求請，若事成將給予五千萬的酬庸。在桓帝臨死前，遺詔中恢復了劉悝勃海王之封國，但其關鍵並非王甫的關說，而是因顧及親情所做的決定，劉悝得知真正的原因後，取消了先前賄賂王甫的約定，王甫深覺遭受欺騙且吃了悶虧，雙方因此結下了仇恨。

　　熹平元年（172 年），"（曹）節遂與王甫等誣奏桓帝弟勃海王悝謀反，誅之。以功封者十二人。"〔註95〕勃海王劉悝被控告"謀反"，靈帝命令逮捕下獄，逼迫劉悝自殺身亡，王甫既報了仇也升了官，應當是要稱心如意才對，但這樣的過程卻牽扯到了宋皇后身上，因爲宋皇后的親姑姑就是勃海王劉悝的妃子，在當時也一併遇害，如此也讓王甫對於宋皇后有所戒心與猜忌，深怕宋氏懷恨在心而圖謀報復，於是利用何氏得寵、宋皇后弱勢失寵之際，決定先發制人，予以致命一擊：

> 甫恐后怨之，乃與太中大夫程阿共構言皇后挾左道祝詛，帝信之。
> 光和元年，遂策收璽綬。后自致暴室，以憂死。在位八年。父及兄
> 弟並被誅。諸常侍、小黃門在省闈者，皆憐宋氏無辜，共合錢物，
> 收葬廢后及鄧父子，歸宋氏舊塋皋門亭。〔註96〕

這場宮廷內鬥，被犧牲的是宗室勃海王劉悝與當時失寵的皇后宋氏，原本勢力基礎就較爲薄弱的宋氏，在光和元年（178 年），隨著宋皇后遭罷黜冤死，其父及其兄弟也慘遭誅殺，其他親屬也被流放，整個宋氏的外戚集團勢力在還來不及發展時，卻已經被宦官集團完全地殲滅了，雖然大部分的宦官們都同情宋皇后無辜的遭遇，但在現實的政治環境下，宋皇后已成了當時政治惡鬥下的犧牲品。

　　獲勝的依然是宦官集團，何貴人也因爲產下皇子辯的有利條件下，終於在光和三年（180 年）登上后座，"光和三年，立爲皇后。明年，追號后父眞

〔註95〕《後漢書》，卷78，〈曹節列傳第六十八〉，頁2525。
〔註96〕《後漢書》，卷10，〈皇后紀〉下，頁448。

爲車騎將軍、舞陽宣德侯，因封后母爲舞陽君。〔註97〕”何皇后以屠戶的貧賤出身卻能夠榮登后座，已是打破了東漢外戚皆出身豪族〔註98〕的慣例，然而“貧賤出身”卻也是宦官們極力支持何氏的最主要原因，毫無政治背景爲奧援的新皇后，正符合了宦官集團的需要，不但便於控制、利用，更不須擔心如同先前鄧氏、梁氏、竇氏等強勢的外戚豪族集團，對宦官集團所構成的鉅大威脅。

此時靈帝的妻系（何皇后）外戚集團，反倒是依附、結合在宦官集團之下，這樣已經破壞了皇權以下政治團體的均勢原則，也就是失去了外戚集團與宦官集團相互制衡的作用，如此的發展顯然不是靈帝所樂見的。

何氏外戚與宦官集團的往來甚密，加上何皇后性情剛烈善嫉，已使靈帝開始反感起來。正當此時，集姿色、聰慧與嫻雅的王美人出現於靈帝的生活裡：

> 王美人，趙國人也。祖父苞，五官中郎將。美人豐姿色，聰敏有才
> 明，能書會計，以良家子應法相選入掖庭。〔註99〕

王美人出身官府之家，除了姿色出眾，又聰慧才華過人，集美麗與智慧於一身，很快地得到了靈帝的欣賞與寵愛，因此何皇后的逐漸失寵，可想而知。

光和三年（180年），也就是何氏登上后座之同年，王美人已懷了靈帝的孩子，這樣的訊息引起了何皇后的高度注意，特別是熹平五年（176年）時，自己所生下了皇子辯，靈帝遲遲未將他立爲太子，對於懷有身孕的王美人，靈帝又特別看重與呵護，善嫉的何皇后當然是戒愼恐懼，擔心自己地位不保，隨時有被取代之虞。聰敏的王美人，當然感受到如此不安寧的氣氛，並嘗試以“墮胎”來處理自己所面臨的危機，“時王美人姙娠，畏后，乃服藥欲除之，而胎安不動，又數夢負日而行。”〔註100〕墮胎不成且又屢屢夢見自己背負太陽而行，而太陽在當時觀念裡可說是“帝王”之表徵，這樣的夢境有如上天的啓示一般，〔註101〕王美人就再也不敢有傷害胎兒的想法和舉動。

〔註97〕同上註，頁449。

〔註98〕崔向東，《漢代豪族研究》，頁142。作者根據《後漢書》，卷10，〈皇后紀〉裡所列的十七個皇后中，只有漢靈帝何皇后出身貧賤，董皇后、閻皇后出身無明確記載，其餘都是豪族大家出身。

〔註99〕《後漢書》，卷10，〈皇后紀〉下，頁450。

〔註100〕同上註，頁449。

〔註101〕徐難于，《漢靈帝與漢末社會》，頁195。

　　隔年，王美人順利地產下了男孩，也就是皇子劉協，靈帝與王美人尙陶醉在喜獲麟兒的愉悅當中，卻忽略了在旁虎視眈眈的何皇后與宦官們，正醞釀著兇險的殺機：

> 四年，生皇子協，后遂酖殺美人。帝大怒，欲廢后，諸宦官固請得止。董太后自養協，號曰董侯。〔註102〕

何皇后逐漸失寵，又親生的皇子辯遲遲未被立爲太子，加上競爭對手王美人又產下龍子，靈帝喜歡這個孩子，並爲他取名爲劉協，意思就是「肖我劉氏」。〔註103〕種種跡象已使得何皇后決定先下手爲強，酖殺了王美人，以免夜長夢多，但劉協卻提早一步爲靈帝生母董后所撫養與掌握，又爲日後的政局平添變數。

　　何皇后的膽大妄爲已嚴重激怒了靈帝，靈帝的悲哀與憤怒，準備廢掉何皇后，最後卻是在眾多宦官的求情下作罷。靈帝未能處置何皇后的事實，顯示出這時的外戚集團已經和宦官集團緊密地結合，並且站在同一陣線上；另一方面，也可看出靈帝對宦官們的倚重以及宦官集團在靈帝朝的巨大影響力。靈帝當時的無奈與反感可想而知，因此才會出現令人不解的"西園弄狗"〔註104〕之類的荒誕行爲（見第二章第四節），靈帝對這件是的厭惡與反感則反應在"立太子"的態度上，對王美人所生的皇子協，於是倍加疼惜；而何皇后所生，具有嫡長子身份的皇子辯，卻遲遲不肯給於"太子"的正式名份：

> 初，大臣請立太子，（帝以）辯輕佻無威儀，不可以爲宗廟祖。〔註105〕

靈帝僅以劉辯態度輕浮散漫且缺乏人君應有之威儀爲藉口，認爲他不適合繼承大統，另一方面，靈帝也感受到如果立次子劉協爲太子，是有違嫡長子繼承的祖宗之法，勢必引發諸多非議與事端，此時的靈帝陷入了兩難與苦思之境。

　　靈帝對立太子一事的猶豫不決，使得手中握有另一張王牌（次子劉協）的董太后，對於權勢充滿了美好的憧憬與強烈的企圖野心，畢竟外戚的權力是一種寄生的權力，這種權力的寄生性決定了他們地位的不穩定性，而皇帝的更換或者是皇帝好惡的轉移，對於外戚的政治生命便產生了重大的影響，〔註106〕這樣的情勢發展，便埋下了母系（董太后）外戚集團與妻系（何皇后）外戚集團之間的宮廷內鬥。

〔註102〕《後漢書》，卷10，〈皇后紀〉下，頁450。

〔註103〕（英）崔瑞德主編，韓復智主譯，《劍橋中國史》，秦漢篇，頁372。

〔註104〕《後漢書》，卷8，〈孝靈帝紀第八〉，頁346。

〔註105〕《後漢紀》，卷25，〈孝靈皇帝紀下〉，頁493。

〔註106〕王連升，《中國宮廷政治》，頁168。

三、母系董太后與妻系何皇后的鬥爭

建寧元年（168年）正月，年僅十二歲的劉宏由河間外藩入繼大統，桓帝外戚竇氏選擇了家道中衰且年幼的"解瀆亭侯"之子，符合竇氏外戚的權益。一轉眼間，「子貴母榮」這句話用在劉宏的母親董氏身上，是最恰當不過了。

建寧二年（169年）"帝使中常侍迎貴人，并徵貴人兄寵到京師，上尊號曰孝仁皇后，居南宮嘉德殿，宮稱永樂。"〔註107〕這位初登權貴的太后，非但自己被榮華富貴給沖昏了頭，貴為太后之尊的她，卻給了自己的兒子最惡劣的身教示範，也就是唆使靈帝聚斂、賣官，極盡貪婪之能事，民間更以歌謠來譏諷董太后的貪得無厭，將她譬喻成河間妖女，精於斂財、生活奢侈浮華且不知民間疾苦（見第二章第四節）。

對財富的欲求不滿之外，董太后對政治權力更有濃厚的興趣，特別是擔任起皇子協撫養的重責大任後，她深知靈帝將他自己對已亡命之王美人的愛，轉移到皇子協身上，而皇子協又對董太后相當依賴，因此將掌權的希望，完全地寄託在劉協身上：

> 初，后自養皇子協，數勸帝立為太子，而何皇后恨之，議未及定而帝崩。〔註108〕

董太后與何皇后之間的明爭暗鬥，因著"立太子"之大計而趨於白熱化，雙方各有盤算，也各有靠山，我們以下列表格來呈現及說明：

【表5-1】董太后與何皇后政治實力比較表

	與靈帝之關係	掌控之皇子	依恃之力量
董太后	生母	次子劉協（王美人所生）	其姪子董重：驃騎將軍 小黃門蹇碩：上軍校尉
何皇后	第二任（現任）皇后	長子劉辯（何皇后親生）	其兄何進：大將軍 其兄何苗：車騎將軍

從上表可知，董太后與何皇后雙方的實力的確在伯仲之間，她們不但手中各握有一張王牌，其背後支援她們的軍事力量，更是可觀。以下我們各別探討其所依恃之勢力〔註109〕，以及兩股力量之間的對峙與交鋒：

〔註107〕《後漢書》，卷10，〈皇后紀〉下，頁446。

〔註108〕同上註。

〔註109〕《後漢書》，志24，〈百官〉一，頁3563。提到：將軍，不常置。本注曰：掌征伐背叛。比公者四：第一大將軍，次驃騎將軍，次車騎將軍，次衛將軍。

首先，董太后的靠山來自兩股勢力，一是她的姪子董重，“中平五年，以后兄子衛尉脩侯重爲票騎將軍，領兵千餘人。”〔註110〕是屬於靈帝母系外戚集團的勢力；二是頗得靈帝賞識的小黃門蹇碩，“帝以蹇碩壯健而有武略，特親任之，以爲元帥，都司隸校尉以下，雖大將軍亦領屬焉。”〔註111〕他被靈帝任命爲上軍校尉〔註112〕，統領朝廷裡最高的軍職，是屬於宦官集團的勢力。董后有了董重的親信以及蹇碩的結盟，果然是如虎添翼、有恃無恐。

另一方面，何皇后的實力也不容小覷，何進與何苗都是何皇后同父異母的兄長，兩人皆因黃巾民亂之際受到靈帝的重用。靈帝對於外戚勢力，原本是採取防範策略爲主，但礙於黃巾民變的全面爆發，不得不倚重何氏外戚的力量，在中平元年（184 年），“黃巾賊張角等起，以進爲大將軍，率左右羽林五營士屯都亭，修理器械，以鎮京師。”〔註113〕另外一位何皇后的兄長何苗，也於中平四年（187 年），攻破滎陽群賊，“拜苗爲車騎將軍，封濟陽侯。”〔註114〕又何皇后爲當朝皇后，與趙忠、張讓等中常侍已建立起良好的關係，如此也可以得到宦官集團部分勢力的奧援，因此何皇后在整體實力上來看，是不輸給董太后的。

董太后與何皇后之爭，從表面上看來，是靈帝母系外戚集團與妻系外戚集團之間的較量，但若審視站在董太后這邊的蹇碩，問題就變得複雜起來了，特別是靈帝在中平五年（188 年）設置“西園八校尉”，並任命蹇碩爲“上軍校尉”，使他位居八校尉之首的情況看來，這就又重新引起了外戚和宦官集團之間的矛盾，〔註115〕外戚集團與宦官集團分掌兵權的結果，就不再只是外戚集團裡母系與妻系內部之間的爭奪戰了。

又有前、後、左、右將軍。

〔註110〕《後漢書》，卷 10，〈皇后紀〉下，頁 446。

〔註111〕《後漢書》，卷 69，〈何進列傳第五十九〉，頁 2247。

〔註112〕《後漢書》，卷 8，〈孝靈帝紀第八〉，頁 356。注引樂資山陽公載記曰：「以小黃門蹇碩爲上軍校尉，虎賁中郎將袁紹爲中軍校尉，屯騎都尉鮑鴻爲下軍校尉，議郎曹操爲典軍校尉，趙融爲助軍校尉，馮芳爲助軍右校尉，諫議大夫夏牟爲左校尉，淳于瓊爲右校尉：凡八校（尉），皆統於蹇碩。」

〔註113〕《後漢書》，卷 69，〈何進列傳第五十九〉，頁 2246。《後漢書》，〈百官志〉一，提到：順帝即位，又以皇后父、兄、弟相繼爲大將軍，如三公焉。

〔註114〕同註 113，頁 2246。有關“車騎將軍”在《後漢書》，〈百官志〉一，注引蔡質漢儀曰：「漢興，置大將軍、驃騎，位次丞相，車騎、衛將軍、左、右、前、後，皆金紫，位次上卿。典京師兵衛，四夷屯警。」

〔註115〕林劍鳴，《秦漢史》，頁 958。

　　兩方勢力在中平六年（189 年）出現了首次的交鋒，雖然尚未兵戎相見，但明爭暗鬥的情勢則漸趨明朗：

　　　　上軍校尉蹇碩惡大將軍進兵強，欲進在外，因而間之。乃與常侍通
　　　　謀說上，使進征邊章、韓約。帝從之，賜進戎車百乘，虎賁斧鉞。
　　　　進亦知其謀，請中軍校尉袁紹東發徐、兗兵，以稽其行。〔註116〕

這次是由處在靈帝身旁的蹇碩，會同多位中常侍先行出招，想要利用涼州邊章、韓遂叛變之際，請求靈帝派遣大將軍何進西行征討，以藉機折損何進實力，逼迫何進聽命中央，更要讓使他調離中央。

　　大將軍何進當然很清楚宦官集團的圖謀不軌，於是在不違抗帝命的情況下，提出以中軍校尉袁紹前往徐、兗徵兵充實兵員之後，再議定西征日期。何進適時地提出緩兵之計，成功化解了來自蹇碩方面的陰謀與壓力，但如此也更進一步地加速了外戚集團與宦官集團之間的緊張對立，雙方已幾近劍拔弩張、一觸及發的地步，幸而靈帝在位時，雙方尚能克制，並未爆發全面性的衝突。

第四節　地方割據與中央分裂局面之形成

　　黃巾民變的主力軍張角及其兄弟，雖已於中平元年（184 年）同年十一月平定，但其餘部仍在地方聚眾叛亂，聲勢亦相當浩大，靈帝朝在無力討平的情況下，則以安撫方式來招降（見第四章第四節）。政府軍既然不能戰勝，叛軍自然無所畏懼，因此名為歸降，卻是徒具虛名，事實上仍舊行動自由，〔註117〕並且在地方上凝聚許多的武裝勢力。

　　另一方面，參與鎮壓黃巾軍，盤據在各州郡的豪族集團，逐漸割據一方，〔註118〕各地州、郡長官也都趁機發展自己控制的武裝勢力，成為地方割據的軍閥，〔註119〕加上當時西北邊患寇亂不斷，地方長吏僅能保守各自的城邑，對於鄰近之賊寇則無力征討，甚至相互推諉。因此在中平五年（188 年），太常劉焉以刺史威輕，無法平定寇賊，於是建議改刺史為州牧：

〔註116〕《後漢紀》，卷 25，〈孝靈皇帝紀下〉，頁 493。
〔註117〕吳志彬，〈從黨錮之禍論東漢晚期政治亂局〉，《社會科學教育學刊》，4，1994：
　　　　12，頁 42。
〔註118〕朱大昀，《中國農民戰爭史》秦漢卷，頁 284。
〔註119〕林劍鳴，《秦漢史》，頁 958。

時靈帝政化衰缺，四方兵寇，焉以爲刺史威輕，既不能禁，且用非
其人，輒增暴亂，乃建議改置牧伯，鎮安方夏，請選重臣，以居其
任。焉乃陰求爲交阯，以避時難。議未即行，會益州刺使郄儉在政
煩擾，謠言遠聞，而并州刺史張懿、涼州刺史耿鄙並爲寇賊所害，
故焉議得用。〔註120〕

此舉造成地方制度的重大變革，州牧總攬軍、政大權，兩系統權力集中於一身，
〔註121〕州牧的擴權遂成爲定制，在朝政紛亂之際，這些州牧成了合法的地方割
據勢力，如此一來，形成了外重內輕與幹弱枝強，所以我們可以說刺史改州牧
乃是中央集權分解爲地方割據的一種過程，〔註122〕各武裝集團之間爲地盤爭
奪，在利益衝突之下彼此展開了長期的混戰，分裂之局面便漸趨明顯。

　　另外值得注意的是，中平五年（188年）靈帝同意地方改制後，“出焉爲
監軍使者，領益州牧，太僕黃琬爲豫州牧，宗正劉虞爲幽州牧，皆以本秩居
職。州任之重，自此而始。”〔註123〕第一批設置的三個州牧中，朝廷宗室就
占了兩個，在靈帝朝裡宗室擔任朝內公卿者，也有七人之多，這突顯出了靈
帝在面臨內外交迫的窘境之下，對宗室實行利用政策，〔註124〕特別是在黃巾
民變爆發以後，靈帝不僅大赦黨人，更需要援引皇帝父系家族的宗室力量，
對於宗室、外戚和宦官採取利用、限制〔註125〕之交替使用，因此宗室也成了
靈帝可茲利用的一項政治籌碼。

　　既然“改刺史，新置牧”〔註126〕能對政局產生如此重大的影響，首先我們
就必須對“刺史”與“州牧”之權責有所了解。原來漢代的刺史制度〔註127〕，

〔註120〕《後漢書》，卷75，〈劉焉列傳第六十五〉，頁2431。
〔註121〕張軍，〈東漢時期府的軍府化過程——兼論漢末軍府蜂起的制度原因〉，《江西
　　　　師範大學學報》（哲學社會科學版），1987：1，頁69。
〔註122〕薩孟武，《中國社會政治史》（一），頁468。
〔註123〕《後漢書》，卷75，〈劉焉列傳第六十五〉，頁2431。
〔註124〕岳慶平，〈東漢在政治上對宗室的限制與利用〉，《山東師大學報》（社科版），
　　　　1987：2，頁37。其中宗室在靈帝朝擔任朝廷公卿者計有：劉寵、劉矩、劉寬、
　　　　劉郃、劉虞、劉焉、劉陶等七人。
〔註125〕《後漢書》，卷78，〈曹節列傳第六十八〉，頁2525。本文上一節有關勃海王
　　　　劉悝被誅殺一事，可說是代表靈帝對於宗室的限制。
〔註126〕《後漢書》，卷8，〈孝靈帝紀第八〉，頁357。
〔註127〕曾繁康，《中國政治制度史》，頁184。注引杜佑《通典》〈州牧刺史條〉曰：
　　　　「武帝元封元年，御史止不復監，五年乃置部刺史」。部刺史隸屬於御史中丞，
　　　　本是中央的監察官吏，而其職務，則在監郡。漢代的部刺史雖然監郡，然其

是西漢武帝時期創立的一種地方監察制度，其創立是漢武帝加強中央集權的產物，並且以“秩六千石”只相當於中下等縣令的秩品，來監察二千石守相而無所顧忌，武帝讓刺史秩卑權重，就可保証它有舉察之勤，無陵犯之叛，充分展現了他的深謀遠慮。〔註 128〕到了漢成帝時，將刺史改爲州牧，漢哀帝時又改州牧爲刺史。但大體上以成帝改刺史爲州牧爲轉折點，刺史的秩級越來越高，權力越來越大。〔註 129〕西漢末王莽擅權篡政，州制於是發生重大變化，州不僅成爲一級行政機關，且具有相當的軍事職能，州牧不僅成爲一級行政首腦而且也大多加將軍號，有領兵打仗的指揮權，爲軍政長官，州之職能逐漸趨於軍政合一。〔註 130〕

光武帝建立東漢之初，所設置的州牧與王莽時期的州牧相似，擁有統兵作戰、鎮守一方的權力，如此可以協助平定地方割據勢力。到了建武十八年（42 年），“罷州牧，置刺史”〔註 131〕，因局勢已趨穩定，光武帝便將權勢過大的州牧加以限制和削弱，並且恢復和加強刺史的監察職能，以達到鞏固皇權的目的。因此到了東漢中期以後，隨著外戚宦官專權和專制皇權的削弱，階級矛盾、民族矛盾不斷激化，刺史監察地方的職能逐漸消失，而統兵領郡、鎮壓各族人民反抗的職能則越來越成爲其主要職能，〔註 132〕到了東漢末的靈帝時期，復施以“改刺史，新置牧”，對於地方行政制度再度產生重大的變革與影響。

“刺史制度”從西漢武帝的設置一直演變到東漢末靈帝時期，在職能的

職務則僅限於以六條問事，注引蔡質《漢官典職儀說》曰：「刺史班宣，周行郡國，省察治狀，黜陟能否，斷治冤獄，以六條問事，非條所問，即不省。一條，強宗豪右，田宅踰制，以強凌弱，以眾暴寡。二條，二千石不奉詔書，遵承典制，倍公向私，旁詔守利，侵漁百姓，聚斂爲姦。三條，二千石不恤疑獄，風厲殺人，怒則任刑，喜則淫賞，煩擾苛暴，剝截黎元，爲百姓所疾，山崩石裂，妖祥訛言。四條，二千石選署不平，苟阿所愛，蔽賢寵頑。五條，二千石子弟恃怙榮勢，請託所監。六條，二千石違公下比，阿附豪強，通行賄賂，割省政令也。」

〔註 128〕劉欣尚，〈漢代的刺史制度〉，《北京師範大學學報》（哲社版），1987：1，頁 26。

〔註 129〕李小樹，《秦漢魏晉南北朝監察史綱》，北京：社會科學文獻出版社，2000，頁 34。

〔註 130〕張軍，〈東漢時期府的軍府化過程──兼論漢末軍府蜂起的制度原因〉，《江西師範大學學報》（哲學社會科學版），1987：1，頁 68。

〔註 131〕《後漢書》，卷 1 下，〈光武帝紀第一下〉，頁 70。

〔註 132〕同註 127，頁 30。

轉化上來看是"刺史----州牧----刺史----州牧"的轉變，實質則由監察趨向行政進而軍政合一，即"州府的軍府化"，標誌則是州成為一級行政建制，刺史不僅獲得行政權而且趨於軍職化，亦即發兵權與統兵權的獲得。〔註133〕靈帝朝的"廢刺史"，造成中央喪失對地方的監察權；"置州牧"，地方豪族集行政、兵權於一身，形成軍閥勢力並起，此舉不但使得中央空虛，外官權重，更加速了東漢末期群雄割據局面的到來。州牧開始擁兵自重，不聽命於中央的情況，隨即在隔年（中平六年；189年）發生，而首開州牧職違抗皇帝命令者，就是董卓。

董卓在靈帝朝的展露頭角，主要是參與討伐黃巾主力軍張角（見第四章第四節），雖然軍敗抵罪，但之後很快的因平定羌亂有功，而再度受到靈帝朝的重用。在《後漢書》，卷 72，〈董卓列傳第六十二〉裡，介紹到董卓的出身以及靈帝朝之前的任官情形：

> 董卓字仲穎，隴西臨洮人也。性麤猛有謀。少嘗遊羌中，盡與豪帥相結。……桓帝末，以六郡良家子為羽林郎，從中郎將張奐為軍司馬，共擊漢陽叛羌，破之，拜郎中，賜縑九千匹。……稍遷西域戊己校尉，坐事免。後為并州刺史，河東太守。〔註134〕

董卓父親擔任輪氏縣的縣尉，因此董卓出身於軍人家庭，又地處隴西附近漢羌雜居之區域，年少時就和羌人有所往來，頗懂得一些騎兵射箭的技術。在桓帝朝晚期，即陸續任職羽林軍的軍士，跟從中郎將張奐攻打西羌，因為屢建軍功而拜為郎中，因此我們也可以說董卓是靠著攻打羌人而發跡的。之後又遷任西域戊己校尉、改任并州刺史，又升官為河東太守。

從董卓在官場上陞遷過程來看，其官運甚為亨通，是頗能適應當時官宦政治的一個人，以他這樣一個邊遠州郡的人，竟能如此得意，倘若不會結交中貴，是絕對辦不到的，〔註135〕且董卓之仕途順遂，非窮困潦倒而造反者可比。〔註136〕這樣的作風符合了"性麤猛有謀"的說法，能夠隨時洞悉時局，採取必要且及時的舉措。

〔註133〕同註129，頁71。
〔註134〕《後漢書》，卷72，〈董卓列傳第六十二〉，頁2319。注引卓別傳曰：「卓父君雅為潁川輪氏尉，生卓及弟旻，故卓字仲穎，旻自叔穎。」
〔註135〕黎東方，〈論董卓〉，收於《史學論集》，台北：華岡出版公司，1977，頁118。
〔註136〕廖伯源，〈論漢末「兵為將有」之形成〉，收於雷家驥總編，《中國中古史研究》第二期，台北：蘭臺出版社，2003，頁13。

中平元年（184 年）討伐張角失利，使董卓軍敗抵罪。隔年涼州賊寇邊章、韓遂等結合羌人叛亂，董卓再度被起用：

> 詔以卓爲中郎將，副左車騎將軍皇甫嵩征之。嵩以無功免歸，而邊
> 章、韓遂等大盛。朝廷復以司空張溫爲車騎將軍……拜卓爲破虜將
> 軍，與溫寇將軍周愼並統於溫。……皆與韓遂合。共推王國爲主，
> 悉令領其眾，寇掠三輔。五年，圍陳倉。乃拜卓前將軍……。〔註137〕

董卓在討羌方面頗有展獲，在討羌過程中受到朝廷重用，且官階不斷提升。董卓的部隊以驍勇善戰著稱，而其軍隊來源即爲羌胡兵，"卓眾來東下，金甲耀日光，平土人脆弱，來兵皆胡羌"〔註138〕董卓的這支涼州羌胡部隊，向來以凶狠殘暴著稱，而董卓就是靠著涼州兵團起家，在對羌族與韓遂的作戰中，乘機擴展勢力，進而割據涼州，成了關西軍閥的首領。〔註139〕中平五年（188 年）董卓已爲朝廷擢升爲前將軍，董卓一方面是地方強大的軍閥，同時又是朝廷命官、邊疆之重臣，在涼州兵聲勢越來越浩大的情況下，董卓不僅自恃甚高，政治野心越來越大，對於中央的態度也就越傲慢不敬，甚至敢公然地違抗帝命。

朝廷當然也察覺到董卓手握重兵、擔心其勢力尾大不掉，於是在中平六年（189 年），由靈帝親自下詔，徵召董卓回中央任少府職，想藉此收回董卓兵權：

> 六年，徵卓爲少府，不肯就，上書言：「所將湟中義從及秦胡兵皆詣
> 臣曰：『牢直不畢，稟賜斷絕，妻子飢凍。』牽挽臣車，使不得行。
> 羌胡敝腸狗態，臣不能禁止，輒將順安慰。增益復上。」朝廷不能
> 制，頗以爲慮。〔註140〕

朝廷以少府職（九卿之一，相當於今之財政部長）召董卓回京，少府在當時算是相當高階的官職，甚至是肥缺，旨意在解除其兵權，而董卓當然也明白靈帝之用意，因而藉故羌胡兵團桀驁不馴、難以控管爲由，拒絕到洛陽就職。董卓此舉爲第一次領兵長官不聽詔〔註141〕且公然抗旨之先例，這也開啓了中

〔註137〕《後漢書》，卷72，〈董卓列傳第六十二〉，頁2320。
〔註138〕《後漢書》，卷84，〈董祀妻列傳第七十四〉，頁2801。
〔註139〕張玉法總校訂，杵柞編著，《中國歷史人物·奸臣評傳1·先秦──三國》，〈董卓〉，頁229。
〔註140〕同註138，頁2322。
〔註141〕廖伯源，〈論漢末「兵爲將有」之形成〉，收於雷家驥總編，《中國中古史研究》第二期，台北：蘭臺出版社，2003，頁15。

平五年"改刺史，新置牧"地方行政制度改制後最壞之惡例，代表著地方軍閥擁兵自重，開始脫離中央的管轄，分裂之端倪儼然浮現。

董卓的違逆，使靈帝寢食不安、積勞成疾，在寢疾之間仍試圖釋除董卓兵權：

> 及靈帝寢疾，璽書拜卓為并州牧，令以兵屬皇甫嵩。卓復上書言曰：「臣既無老謀，又無壯事，天恩誤加，掌戎十年。士卒大小相狎彌久，戀臣畜養之恩，為臣奮一旦之命。乞將之北州，效力邊垂。」於是駐兵河東，以觀時變。〔註142〕

靈帝這次以并州州牧職來勸誘董卓，要求將軍隊交給皇甫嵩，但董卓仍藉故托辭拒絕交出兵權，再度違抗詔令，董卓請求領兵履并州牧職，此乃最符合其培養私人勢力之處置，因為并州牧為地方長吏，治民徵稅賦，可以養兵，進而培養私人的武裝勢力，因此漢末兵為將有，實肇端於董卓，並且擴及關東之郡將州將，乃形成地方割據。〔註143〕

董卓率軍來到靠近京師洛陽的河東地區"以觀時變"，此舉已具有造反之企圖。而當時能與董卓抗衡的只有皇甫嵩，其姪曾勸諫皇甫嵩必須即刻採取行動：

> 嵩從子酈諫嵩曰：「本朝失政，能安危定傾者，惟大人與卓耳。今怨隙已結，二人不俱存。先人之言，兵家所重。卓被詔當放兵，而諷將士上書自請，此逆命也。彼度京師政亂，故敢躊躇，此懷姦也。二者刑所不赦，卓兇虐無親，將士不附。公為元帥，仗國威以討之，上顯忠義，下除姦凶，此桓、文之舉也。」嵩曰：「專命亦罪也。不如顯奏，使朝廷裁之。」〔註144〕

皇甫嵩在此關鍵時刻卻顯得猶豫不決，錯失討董良機，反倒是靈帝曾採取應變措施，"天子以責讓卓不受詔，選五千騎將自河津渡"〔註145〕但此時朝廷內部，正值外戚集團何進與宦官集團蹇碩之內鬥，加以邊地涼州邊章、韓約叛亂未平（見上一節），尚無法顧及到董卓在河東的軍隊。

在局勢混沌不明、潛藏危機之際，靈帝於中平六年（189年）四月，病亡

〔註142〕《後漢書》，卷72，〈董卓列傳第六十二〉，頁2322。
〔註143〕同註142，頁16。
〔註144〕《後漢紀》，卷25，〈孝靈皇帝紀下〉，頁493。
〔註145〕《後漢紀》，卷25，〈孝靈皇帝紀下〉，頁493。

於南宮：

> 丙辰，帝崩于南宮嘉德殿，年三十四。戊午，皇子辯即皇帝位，年
> 十七。尊皇后曰皇太后，太后臨朝。天下大赦，改元爲光熹。封皇
> 弟協爲勃海王。〔註146〕

靈帝一死，朝廷隨即爆發外戚集團與宦官集團之間的激烈鬥爭，先是靈帝的
妻系何氏外戚鬥垮母系董氏外戚，而此時的士大夫官僚集團選擇與外戚集團
合作，再度與宦官集團對決，大將軍何進爲解決宦官，召董卓入洛陽，正好
給董卓引兵入京的最佳理由與時機，但沒想到宦官集團先發制人，何進慘遭
宦官誅殺，隨即宦官集團也被袁紹屠殺殆盡，其結果是兩個政治團體的同歸
於盡，對朝廷漸趨離心的士大夫官僚集團，已無能爲力，他們只能冷眼旁觀
地看著軍閥董卓入京掌控大局。

　　董卓率兵入京，外戚何氏的部將紛紛改換門庭，投靠了董卓，形成了軍
閥專擅朝政的局面，〔註147〕於是地方州牧群起擁兵自重，朝廷內部也因靈帝
之死，引爆了激烈的鬥爭與屠殺，這些亂象皆顯示出在靈帝死亡後，不論在
中央或地方，皆已呈現分崩離析之局面，此時的東漢王朝實際上已是名存實
亡。

　　【表5-2】靈帝朝皇權之下三大政治集團表

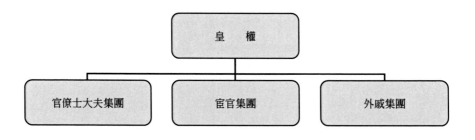

〔註146〕《後漢書》，卷8，〈孝靈帝紀第八〉，頁357。
〔註147〕余華青，《中國宦官制度史》，頁123。

－140－

第六章　結　論

　　綜觀本文各章內容所述，靈帝時期的政局發展，有其複雜之構成因素，交錯形成不同的影響層面，靈帝朝之覆亡，絕非單一因素能夠決定，而是朝廷內、外攸關政治、軍事、社會、經濟、文化等各個層面彼此之間的交互影響所致。在此我們以（圖6-1）漢靈帝時期政局分析圖所示，採核心（靈帝的出身）、縱向（朝廷內部）與橫向（朝廷外部）三個部分進行析論：

一、核心部分（靈帝家世背景與習性）

　　靈帝劉宏在十二歲登基以前，是河間漸趨沒落的劉氏旁支貴族。桓帝死，在竇氏外戚為求鞏固本身權力之前提下，策立了年幼且無政治勢力背景的河間外藩——劉宏，入繼大統。

　　年幼的劉宏隨即陷入了東漢中後期政治惡例，即外戚與宦官循環相爭的漩渦中，毫無政治勢力來奧援的靈帝，為了捍衛自身的皇權，一開始唯有信任且依賴身邊的宦官，宦官與靈帝便站在同一陣線上，共同對抗來自外戚與官僚士大夫的聯合挑戰。

　　除了宦官之外，還有一位影響靈帝人格習性甚鉅的，就是靈帝的生母董氏，特別是董氏於建寧二年（169年）被靈帝迎進永樂宮之後，董氏貪得無厭、聚斂奇貨且搜括錢財的惡劣行徑，給了靈帝最壞的身教與言教，她唆使靈帝進行荒誕不經的賣官鬻爵與貪婪享樂，母子兩人顯然已為當時瀕臨破產邊緣的社會經濟，立下了最錯誤的示範，難怪董氏被當時民間童謠謔稱為"河間妖女工數錢"〔註1〕，果真貼切而且不難理解。

〔註1〕《後漢書》，志13，〈五行一〉，頁3281。

二、縱向部分 （朝廷內部的權力集團）

這部分實包含靈帝皇權之下三股政治勢力，即宦官集團、外戚集團以及官僚士大夫集團。靈帝必須有效地利用與制衡這些力量，才能確保自身皇權的穩固，靈帝一開始與宦官集團密切合作，共同對抗外戚與官僚士大夫的聯合勢力，在建寧二年（169 年），也就是靈帝登基第二年所發生的第二次黨錮之禍裡，便得到充分的應證。

前朝竇氏外戚的勢力遭到鏟除，使靈帝朝前期暫時緩和了來自外戚方面的干政壓力；另外，東漢官僚士大夫向來以士風淳美著稱，特別是清代史家趙翼在《二十二史箚記》裡對於東漢士風也多有正面之肯定與評價。〔註2〕官僚士大夫集團在桓、靈之際慘遭兩次黨禍禁錮，促使其中的清流份子對靈帝朝感到相當失望，雖然靈帝朝曾有“熹平石經”的刻成，使士人得以振奮，但隨後“鴻都門學”之設立，卻又讓士人感到憤慨與無奈，對國家也漸趨離心。

獲勝的宦官集團開始獨當一面，聲勢如日中天。宦官們頗能體察董太后與靈帝貪婪斂財的癖好習性，除了一味地逢迎上意，拼命地搜括聚斂以取得靈帝寵信，宦官集團更進一步地控制了中央賣官與地方察舉選才的仕進管道，並且放任其子弟賓客，在各州郡作威作福、漁肉百姓，如此的惡行惡狀，加速了靈帝朝政的腐化，因此古今以來許多史家皆認定東漢是亡於宦官之手，最明顯的例子就是南宋袁樞所撰《通鑑紀事本末》中，將東漢晚期的歷史發展，以「宦官亡漢」〔註3〕這樣的一個標題作為總結。

將東漢滅亡原因全數歸咎於宦官亂政，這樣的析論實有失其客觀公允，除了欠缺對當時所處時空背景下主客觀因素的全面性觀察與考量，對於宦官的全盤抹煞也有失偏頗。例如一直為靈帝所倚重的中常侍呂強，盡忠職守且正直敢言，對於靈帝的奢靡浪費、宦官的禍害朝野、以及黃巾民變之大赦黨人……等，往往都能果斷地提出切中時弊之諫言，因此深得靈帝之敬重依賴。清代趙翼所撰《二十二史箚記》卷五《後漢書》中，不僅有〈宦官之害民〉〔註4〕之條來評議宦官，其後尚有〈宦官亦有賢者〉，此條一開頭便提到“後漢宦官之貪惡肆

〔註2〕趙翼撰，《二十二史箚記》杜維運考証，台北：華世出版社，1977。其中卷四《後漢書》的〈東漢功臣多近儒〉條，頁89；以及卷五《後漢書》的〈東漢尚名節〉條，頁100，除了比較西漢與東漢的開國功臣的屬性與風格外，特別提到東漢功臣多習儒術且更重視士人應有之高尚氣節。

〔註3〕袁樞撰，《通鑑紀事本末》（一），台北：三民書局，1972，頁442。

〔註4〕同註2，頁110。

橫，固已十人而九，然其中亦間有清慎自守者，不可一概抹煞也。"〔註5〕這樣的看法較為客觀週延。

三、橫向部分（朝廷外部之邊族與社會）

　　這個部分包含王朝之外邊族寇亂的軍事國防問題，以及王朝之內社會經濟的人民生計問題。靈帝朝的邊族外患主要來自北方、西北與西南邊地，北方是繼匈奴之後的鮮卑、烏桓，西北主要是羌族，西南則有南蠻與西南夷，隨著靈帝朝內部的政治社會黑暗腐敗的情況下，對外關係因此處於邊患威脅不斷的危機當中，中央政府為防禦邊族入寇，投入的軍旅費用相當可觀，內耗嚴重的結果，府庫已幾近空竭的地步，政府於是過度使用民力，屢屢征調與增稅，人民怨聲載道且苦不堪言。

　　人民不僅有來自政府方面的壓力，中低階層的小農還必須遭受地方豪族地主的欺凌與脅迫。因為東漢本身是豪主地主支持下所成立的王朝，中央政府的舉措必須考量豪族的利益，於是任憑地方豪強地主對人民進行不斷的壓榨與剝削，官府、豪強與富賈競相兼併土地，已使農民失去生活上最基本的憑藉而流離失所，民生經濟問題開始轉化為社會問題，頓失依靠且無生產工具的流民，有的成為地方盜匪，變成政府社會的反動力量；有的依附在豪族之下成為部曲，擔任豪族的佃農與私兵；有的成為地方刺史、州牧長官募兵之對象，淪為地方軍閥割據勢力之軍隊來源。

　　在內外交迫的情況下，靈帝朝期間又逢天災、瘟疫多次流行，導致飢荒四起、民不聊生，於是農民群起成為盜匪，不斷起來進行反抗，初期缺乏較具規模與組織性的領導，因此尚未能對靈帝朝構成嚴重的威脅，直到張角運用宗教之教義為號召，將農民成功有效地組織動員起來，終於爆發了全國性反政府的民變運動，這可視為是繼上層知識分子要求政府改革，進而遭到打壓與殘害以後（黨錮之禍），再度由中下階層的農民所發起之反政府革命行動。靈帝中平元年（184年）所引爆的黃巾民變，其規模已達到"天下響應，京師震動"〔註6〕的地步，此時的社會問題儼然已提升為動搖國本的政治問題了。

　　「黃巾民變」最值得注意的是，當靈帝面對空前的政治危機之際，卻還能展現出統治者所需具備的理性與應變能力，他聽從了中常侍呂強以及中郎

〔註5〕趙翼撰，《二十二史箚記》杜維運考証，頁114。
〔註6〕《後漢書》，卷71，〈皇甫嵩傳第六十一〉，頁2300。

將皇甫嵩的建議，首先是大赦黨人並重新重用黨人及其子孫，此舉頗能在亂局當中獲致攏絡人心之效；另外還將西園私藏的錢財、戰馬，悉數捐出以犒勞軍士，採取以身作則的方式來提振士氣；又詔令中央公卿捐出馬匹、武器，舉薦專精於兵法戰略之良才，更要求地方加強武器裝檢、提升戰備、以及設立都尉……等應變措施來迎戰黃巾叛軍。

於此我們看到的是靈帝主政下的東漢政府竟也能夠在短期之內，動員整個朝野力量，將黃巾主力軍在同年十一月便成功地予以殲滅，可見當時靈帝尚能有效地指揮全局，政府體制內的成員也能盡忠職守，國家的機制與功能仍然運作正常，靈帝對於這次政治危機的處理方式，是值得給予正面的評價與肯定。

民變之後的善後措施，對於靈帝朝的威望而言，原本可以是危機之後的**轉機**，可惜靈帝並未把握力圖振作的最佳時機，且令人更失望的是，靈帝認為大難已過，非但不以民變爲警惕，力求檢討改革，反而更縱情於貪婪享受之中，自己再度身陷宦官群小的包圍，於次年藉故南宮大火，以修宮爲名，向人民增收田稅“畝十錢”，又於西園建萬金宮……，靈帝不知民間疾苦與不懂得愛惜民力，於此已種下王朝覆亡的敗因。

朝廷與豪強的奢靡享受與民間的水深火熱，形成了強烈的對比，加上朝廷內部戚宦鬥爭再起，社會階級之間更加緊張對立，這些政治亂象不斷地浮上檯面，加速地侵蝕著搖搖欲墜的東漢王朝，尤其是黃巾餘部仍在地方聚眾叛亂且聲勢浩大，靈帝朝採行綏撫勸降的方式來處理，這些表面歸順的叛軍已在地方培養自己的武裝勢力，又盤據在各州郡的豪族集團以及州、郡長官，也都利用參與鎮壓黃巾軍的機會，趁機發展自己控制的武裝勢力，成爲地方割據的軍閥，民變之後的東漢王朝，確實已呈現出分裂之局勢。

綜合以上析論，靈帝朝之覆亡，絕非單一因素能夠決定，而是朝廷內、外各個層面彼此之間的交互影響所致。以當時的時空背景來看，靈帝朝實際上已背負著東漢建朝以來所累積的許多政治包袱，例如內部的戚宦相爭、黨錮之禍以及外部的邊境消極政策以及豪族勢盛……等，但若只以“積弊難返”爲由來看待靈帝朝導致東漢的滅亡，也未臻完善。

因此筆者欲藉著對「漢靈帝時期的政局」研究，歸納出由靈帝朝導致東漢王朝滅亡的四項值得特別注意的原因，期許盡個人微薄的力量，能對此關鍵時局之研究有所裨益：

第一、靈帝弱勢的出身、生母董后錯誤的言行示範，以及宦官的逢迎聚斂，造就了靈帝朝"貪腐"的本質。

　　第二、黨錮之禍嚴重地折損士人氣節，導致士人對國家社會的離心，士人轉變為僅求個人的安身立命，代表上層知識份子對靈帝朝的改革徹底失敗。

　　第三、朝廷與地方官府因宦官得勢，政治黑暗腐敗，地方豪強富賈致力土地兼併，使農民生活困頓且流離失所，於是總體爆發了由中下階層所發起的反政府革命運動，即「黃巾民變」。

　　第四、黃巾民變之後靈帝未能力圖改革，錯失振作圖強之良機，又朝廷持續惡鬥內耗、地方軍閥割據紛起，加速靈帝朝步向衰亡與分裂。

　　由靈帝朝演變成整個東漢王朝的滅亡，下啟魏晉南北朝長達四個世紀的政治分裂，這段過渡與關鍵的歷史發展，就是筆者以靈帝朝為研究對象的主要動機與興趣，然而受限於筆者之學識、能力不足，想必本文的論述內容中，仍有許多缺失與訛誤之處，在此期許自我日後能更進一步地補充撰述，並盼望能得到學界的指正與賜教。

【圖6-1】漢靈帝時期政局分析圖

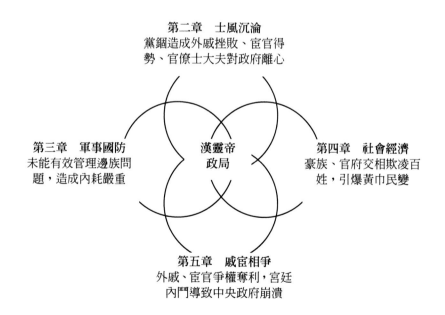

第二章　士風沉淪
黨錮造成外戚挫敗、宦官得勢、官僚士大夫對政府離心

第三章　軍事國防
未能有效管理邊族問題，造成內耗嚴重

漢靈帝
政局

第四章　社會經濟
豪族、官府交相欺凌百姓，引爆黃巾民變

第五章　戚宦相爭
外戚、宦官爭權奪利，宮廷內鬥導致中央政府崩潰

附　錄

一、東漢世系表（西元 25～220 年）

①光武帝劉秀 ————— ②明帝莊 ————— ③章帝炟
（25～57年）　　　　　　　（58～75年）　　　　　　（76～88年）

├ 慶 ——— ⑥安帝祐 ——— ⑧順帝保 ——— ⑨冲帝炳
│　　　　　（107～125年）　　　（126～144年）　　　（145年）

├ ④和帝肇 ——— ⑤殤帝隆
│　（89～105年）　　（106年）

├ 壽 ——— ⑦少帝懿（北鄉侯）
│　　　　（125年）

├ 伉 ——— 寵 ——— 鴻 ——— ⑩質帝贊
│　　　　　　　　　　　　　（146年）

├ 開 ——— 翼 ——— ⑪桓帝志
│　　　　　　　　　（147～167年）

└ 淑 ——— 萇 ——— ⑫靈帝宏 ——— ⑬廢帝（少帝）辯 ——— ⑭獻帝協
　　　　　　　　　（168～189年）　　（189年）　　　　　　（189～220年）

※漢靈帝在位時間

　　即位：建寧元年（168 年）正月。

　　死亡：中平六年（189 年）四月，皇子辯即位，是爲漢少帝。

　　在位共計 21 年

【附記】轉引自國立編譯館主編，《國民中學歷史教科書》第一冊（台北：
　　　　國立編譯館，1991），頁 123。

二、漢靈帝時期大事年表

年 號	年 數	干 支	西 元	重要記事
建寧	1	戊申	168	正月劉宏即皇帝位，是爲漢靈帝，改元建寧 竇武、陳蕃密謀宦官失敗，被殺 烏桓大人上谷難樓等皆自稱爲王
建寧	2	己酉	169	段熲破先零羌 江夏蠻起事 第二次黨錮之禍
建寧	3	庚戌	170	政論家崔寔死
建寧	4	辛亥	171	行加冠禮，大赦天下，惟黨人不赦 大瘟疫，鮮卑寇并州
熹平	1	壬子	172	竇太后"葬禮"之爭 皇宮朱雀闕出現批評朝政布告 段熲補殺太學生
熹平	2	癸丑	173	大瘟疫，鮮卑寇幽、并二州
熹平	3	甲寅	174	鮮卑寇北地、并州
熹平	4	乙卯	175	諸生正定五經文字，刻五經石碑，即「熹平石經」 蔡邕上書陳三互法之弊
熹平	5	丙辰	176	永昌太守曹鸞上書爲黨人鳴冤，被捕，朝廷重新追查黨人 鮮卑掠幽州
熹平	6	丁巳	177	遣破鮮卑中郎將田晏等三道出塞並擊鮮卑，漢軍大敗 旱災、蝗災 鮮卑寇邊
光和	1	戊午	178	設鴻都門學 西園賣官
光和	2	己未	179	大瘟疫，解"黨人"從祖以下親屬之禁錮 巴郡板楯蠻起事 鮮卑犯幽、并二州
光和	3	庚申	180	江夏蠻起事 鮮卑攻幽、并二州 立何皇后
光和	4	辛酉	181	鮮卑攻幽、并二州

				王美人遭何皇后殺害，靈帝欲殺何皇后，宦官爲之求情 後宮設商場，攬蠻弄狗
光和	5	壬戌	182	大瘟疫，詔令三公，舉奏地方不良刺史官吏 板楯蠻擾亂巴郡，太守劉謙撫降之
光和	6	癸亥	183	劉陶等上書陳張角聚眾反叛跡象日彰，靈帝不以爲然
中平	1	甲子	184	黃巾民變起 交趾屯兵執刺史及合浦太守來達反 四川張修五斗米道響應黃巾太平道起事 黃巾張角病死，張梁、張寶戰死
中平	2	乙丑	185	河北張牛角等地農民起事 大瘟疫 羌胡聯軍進擊三輔 南宮大火，以修宮爲名，增收田稅、畝十錢 西園建萬金宮
中平	3	丙寅	186	江夏蠻起事 修南宮玉堂殿，鑄銅人、黃鐘 武陵蠻起事 鮮卑攻幽、并二州
中平	4	丁卯	187	韓遂、馬騰、王國等聯合羌胡攻漢陽、三輔 張純、張舉同烏桓大人丘力居等連盟
中平	5	戊辰	188	黃巾餘部爲亂 改刺史爲州牧 置西園八校尉，以蹇碩爲上軍校尉 巴郡板楯蠻復起事
中平	6	己巳	189	幽州牧劉虞斬張純 靈帝崩，皇子辯即位

【附記】本表修改自朱學西、張紹勛、張羽孔主編，《中國歷史大事編年》第一卷：遠古──東漢（北京：北京人民出版社，1988），頁 674～692。

參考與徵引文獻

一、正史、古籍

1. 王夫之，《讀通鑑論》（台北：里仁書局，1985）。
2. 王符著，彭丙成注譯，《潛夫論》（台北：三民書局，1998）。
3. 司馬光，《資治通鑑》，標點本（台北：天工書局，1988）。
4. 司馬遷，《史記》（北京：中華書局，1997）。
5. 杜佑，《通典》（台北：台灣商務書局，1987）。
6. 范曄，《後漢書》（北京：中華書局，1965）。
7. 范曄，韓復智、洪進業註，《後漢書紀傳今註》（台北：五南圖書公司，2003）。
8. 班固，楊家駱主編，《漢書》（台北：鼎文書局，1986）。
9. 荀悅，《漢紀》，收於張烈點校，《兩漢紀》（北京：中華書局，2002）。
10. 袁宏，《後漢紀》（北京：中華書局，2002）。
11. 袁樞，《通鑑紀事本末》，標點本（台北：三民書局，1972）。
12. 常璩，《華陽國志》，收於《二十五別史》第十冊（濟南：齊魯書社，2000）。
13. 陳壽，《三國志》（北京：中華書局，1982）。
14. 葛洪，《抱朴子》。收於《諸子集成》（八）（台北：世界書局，1935）。
15. 趙翼著，《二十二史箚記》杜維運考證（台北：華世出版社，1977）。

二、專書

1. 《中國歷史紀年表》（台北：華世出版社，1978）。
2. 《五千年中國歷代世系表》（台北：學生書局，1983）。

3. 卜憲群，《秦漢官僚制度》（北京：社會科學文獻出版社，2002）。

4. 中國歷史上的分與合學術研討會籌備委員會主編，《中國歷史上的分與合學術研討會論文集》（台北：聯經出版社，1995）。

5. 孔慶明，《秦漢法律史》（西安：陝西人民出版社，1992）。

6. 木芹，《兩漢民族關係史》（成都：四川民族出版社，1988）。

7. 王子今、方光華主編，《中國歷史——秦漢魏晉南北朝史》（台北：五南圖書出版公司，2002）。

8. 王基倫、洪淑苓，《四史導讀》（台北：臺灣書店，1999）。

9. 王連升主編，《中國宮廷政治》（太原：山西教育出版社，1992）。

10. 田繼周，《秦漢民族史》（四川：民族出版社，1996）。

11. 安作璋編，《秦漢農民戰爭史料彙編》（北京：中華書局，1982）。

12. 朱大昀主編，《中國農民戰爭史》，秦漢卷（北京：人民出版社，1990）。

13. 何茲全主編，《中國通史參考資料》（北京：中華書局，1990）。

14. 余敦康，《魏晉玄學史》（北京：北京大學出版社，2004）。

15. 余華青，《中國宦官制度史》，上海：人民出版社，1993。

16. 冷冬，《被閹割的守護神——宦官與中國政治》（台北：萬象圖書公司，1993）。

17. 呂思勉，《中國民族史》（北京：東方出版社，1996）。

18. 呂思勉，《秦漢史》（台北：開明書局，1969）。

19. 李小樹，《秦漢魏晉南北朝監察史綱》（北京：社會科學文獻出版社，2000）。

20. 李玉福，《秦漢制度史論》（濟南：山東大學出版，2002）。

21. 李定一，《中華史綱》（台北：傳記文學出版社，1986）。

22. 李建國，《華夏方興》漢代卷（香港：中華書局，1992）。

23. 李開源，《漢帝國的建立與劉邦集團——軍功受益階層研究》（北京：三聯書店，2000）。

24. 李源澄，《秦漢史》（台北：台灣商務印書館，1977）。

25. 邢義田，《秦漢史論稿》（台北：東大出版社，1987）。

26. 周兆新，《鐵馬金戈話三國》（鄭州：新華書局，1997）。

27. 周道濟，《秦漢政治制度研究》（台北：臺灣商務印書館，1968）。

28. 林甘泉，《中國經濟通史》，秦漢經濟卷（北京：經濟日報出版社，1999）。

29. 林幹，《匈奴史料彙編》（北京：中華書局，1988）。

30. 林劍鳴，《新編秦漢史》（台北：五南圖書公司，1992）。

31. 姚秀彥，《秦漢史》（台北：三民書局，1987）。

32. 施克寬編譯，《中國宦官秘史》（台北：常春藤書坊，1985）。

33. 卿希泰主編，《中國道教史》（台北：中華道統出版社，1997）。

34. 孫明君，《漢末士風與建安詩風》，台北：文津出版社，1995。

35. 孫長來，《中國歷代帝位之爭》（瀋陽：遼海出版社，1998）。

36. 孫鐵主編，《影響中國歷史的重大事件》（台北：大地出版社：2004）。

37. 徐難于，《漢靈帝與漢末社會》（濟南：齊魯書社，2002）。

38. 馬非百，《秦集史》（台北：弘文館出版社，1986）。

39. 馬植杰，《三國史》（北京：人民出版社，2004）。

40. 高敏，《秦漢史探討》（河南：中州古籍出版社，1998）。

41. 高敏，《秦漢史論稿》（台北：五南出版社，2002）。

42. 崔向東，《漢代豪族研究》（武漢：崇文書局，2003）。

43. 張玉法總校訂，《中國歷史人物・名臣評傳1・東漢——南北朝》（台北：萬象圖書公司，1993）。

44. 張玉法總校訂，《中國歷史人物・奸臣評傳 1・先秦——三國》（台北：萬象圖書公司，1993）。

45. 張玉法總校訂，《中國歷史人物・昏君評傳 1・秦——三國》（台北：萬象圖書公司，1993）。

46. 張金龍，《北魏政治史研究》（蘭州：甘肅教育出版社，1996）。

47. 張傳璽，《秦漢問題研究》（北京：北京大學出版社，1985）。

48. 張蓓蓓，《東漢士風及其轉變》（台北：台灣大學出版社，1985）。

49. 張蔭麟，《中國古代史綱》（台北：里仁書局，1982）。

50. 陳致平，《中華通史》（台北：黎明出版社，1975）。

51. 陳茂同，《中國歷代選官制度》（上海：華東師範大學出版社，1994）。

52. 陳啓雲，《漢晉六朝文化、社會、制度——中華中古前期史研究》（台北：新文豐出版公司，1997）。

53. 國立編譯館主編，《國民中學歷史教科書》第一冊（台北：國立編譯館，1991）。

54. 傅樂成，《中國通史》（台北：大中國圖書公司，1994）。

55. 勞榦，《秦漢史》（台北：中國文化大學出版部，1986）。

56. 曾資生，《中國政治制度史》，第2冊秦漢（台北：啓業書局，1969）。

57. 曾繁康，《中國政治制度史》（台北：文化大學，1988）。

58. 鈕先鍾，《中國戰略思想史》（台北：黎明文化事業公司，1992）。

59. 鈕先鍾，《中國歷史中的決定性會戰》（台北：麥田出版社，2001）。

60. 黃今言，《秦漢軍制史論》（南昌：江西人民出版社，1993）。

61. 楊光輝，《漢唐封爵制度》（北京：學苑出版社，1999）。

62. 楊東晨，《東漢興亡史》（西安：陝西人民教育出版社，1998）。

63. 楊東晨，《漢人秘史》（西安：陝西人民教育出版社，1996）。

64. 鄒紀萬，《秦漢史》（台北：長橋出版社，1979）。

65. 蔡君謨主編，《文化中國之旅全集》第四冊——歷史人物之旅（台北：華嚴出版社，1987）。

66. 廖伯源，《秦漢史論叢》（台北：五南出版社，2003）。

67. 廖伯源，《歷史與制度——漢代政治制度試釋》（台北：台灣商務印書館，1998）。

68. 赫治清、王曉衛，《中國兵制史》（台北：文津出版社，1987）。

69. 趙文潤，《漢唐人物評傳》（西安：陝西師範大學出版社，1997）。

70. 趙克堯，《漢唐史論集》（上海：復旦大學出版社，1993）。

71. 鄧之誠，《中華兩千年史》，卷一（北京：中華書局，1992）。

72. 翦伯贊，《秦漢史》（北京：北京大學出版社，1983）。

73. 翦伯贊主編，《中國史綱要》（北京：人民出版社，1991）。

74. 錢穆，《中國歷代政治得失》（台北：東大圖書公司，1981）。

75. 錢穆，《史學導言》（台北：中央日報社，1975）。

76. 錢穆，《國史大綱》上（台北：台灣商務印書館，1994）。

77. 閻步克，《品位與職位——秦漢魏晉南北朝官階制度研究》（北京：中華書局，2002）。

78. 繆鳳林，《中國通史要略》（台北：台灣商務印書館，1989）。

79. 謝祥皓，《中國兵學》，漢唐卷（濟南：山東人民出版社，1998）。

80. 鍾肇鵬，《讖緯論略》（台北：洪葉文化事業有限公司，1994）。

81. 韓復智等，《秦漢史》（台北：空中大學，1996）。

82. 薩孟武，《中國社會政治史》（一）（台北：三民書局，1975）。

83. 鄺士元，《國史論衡》，第1冊（台北：里仁書局，1980）。

84. 羅世烈，《秦漢史話》（北台：貫雅文化事業公司，1990）。

85. 譚其驤主編，《簡明中國歷史地圖集》（北京：新華書店，1996）。

86. 嚴潔，《秦漢盛衰興亡史》（台北：財經與貿易雜誌社，1977）。

87. 蘇俊良，《漢朝典章制度》（長春：吉林文史出版社，2001）。

88. 顧頡剛，《秦漢的方士與儒生》（台北：里仁書局，1985）。

89. 龔弘，《兩漢人物》（北京：齊魯書社，2005）。

三、期刊論文

1. 于濤，〈靈獻之際的東漢政局〉，《歷史月刊》，1999：7。

2. 方詩銘，〈黃巾起義的一個道教史的考察〉，《史林》，1997：2。

3. 方燕，〈東漢的名士〉，《文史雜誌》，2004：4。

4. 方燕，〈略論東漢"黨人"集團〉（哲學社會科學版），《西南民族學院學報》，1999：20。

5. 毛英萍，〈東漢後期社會分裂原因略探〉，《瀋陽教育學院學報》，2002：9。

6. 牛志平，〈宦官綜論〉，《海南師院學報》，1996：4。

7. 王永平，〈漢靈帝之置"鴻都門學"及其原因考論〉，《揚州大學學報》（人文社會科學版），1999：5。

8. 王永平，〈論東漢中後期的奢侈風氣〉，《南都學壇》（哲社版），1992：4。

9. 王仲修，〈讖緯對秦漢政治的影響〉，《黑龍江教育學院學報》，23：2，2004。

10. 王林子，〈兩漢外戚宦官專權問題述論〉，《天水師專學報》（哲社版），1996：1。

11. 石弘，〈本爲拯民始造反　卻當賊寇罵到今──論張角〉，《開封教育學院學報》，2002：2。

12. 全漢昇，〈從貨幣制度看中國經濟的發展〉，《中國通史集論》，台北：華世出版社，1986。

13. 何茲全，〈漢魏之際的社會經濟變化〉，《社會科學戰線》，1979：4。

14. 朱子彥、陳生民，〈漢代的選官制度與朋黨勢力的形成〉，《上海大學學報》（社科版），1992：2。

15. 朱順玲，〈東漢後期士大夫社會拯救活動述論〉，《鄭州大學學報》（哲學社會科學版），2005：5。

16. 何輝，〈考証《熹平石經》〉，《學術界》，114 期，2005：5。

17. 余英時，〈中國史上政治分合的基本動力〉，《中國歷史上的分與合學術研討會論文集》，台北：聯經出版公司，1995。

18. 余英時，〈東漢政權之建立與士族大姓關係〉，《中國古代知識階層史論》，台北：聯經出版公司，1989。

19. 冷東，〈二十世紀九十年代中國宦官研究綜述〉，《史學月刊》，2000：3。

20. 吳志彬，〈從黨錮之禍論東漢晚期政治亂局〉，《社會科教育學刊》，4，1994：12。

21. 吳青，〈災異與漢代社會〉，《西北大學學報》（哲學社會科學版），1995：

3。

22. 吳思，〈中國歷史上的兩次惡政〉，《政府法制》半月刊，2004：4。

23. 呂力，〈秦漢之選舉〉，《中國通史論文選輯》，上冊，台北：學生書局，
1976。

24. 呂宗力，〈漢代的流言與訛言〉，《歷史研究》（北京），2003：2。

25. 李三謀，〈東漢王朝的邊疆經略〉，《中國邊疆史地研究》，1997：3。

26. 李孔懷，〈東漢的政治制度與軍閥割據〉，《中國史研究》，1981：2。

27. 李吉和，〈秦漢時期羌族的內徙與經濟社會的變遷〉，《中南民族大學學報》
（人文社會科學版），2003：3。

28. 李智文，〈張角論略〉，《邢台師範高專學報》，2000：3。

29. 李傳、雍際春，〈兩漢流民問題初探〉，《蘭州大學學報》，2001：1。

30. 李翠玉，〈“黨錮之禍”的歷史成因析〉，《新疆職業大學學報》，2003：4。

31. 沈剛伯，〈秦漢的儒〉，《中國通史論文選輯》，上冊，台北：學生書局，
1976。

32. 汪波，〈後漢書與羌族史研究〉，《西南民族學院學報》（哲學社會科學版），
1996：2。

33. 汪治平，〈東漢末“死義”的一個特殊背景〉，《兩漢三國史學術研討會論
文集》，陸軍官校文史系，1996。

34. 蕭瑞玲，〈東漢對匈奴政策評析〉，《內蒙古師大學報》（哲學社會科學版），
2002：12。

35. 辛夫，〈東漢後期社會分裂原因初探〉，《歷史教學》，1988：7。

36. 辛旗，〈王符的社會批判思想與東漢末年清議思潮〉，《甘肅社會科學》，
1994：3。

37. 周舜南，〈東漢後期的社會批判思潮〉，《船山學刊》，1999：2。

38. 周鼎初，〈東漢後期黑暗政治考察〉，《北京師範學院學報》，1991：2。

39. 尚新麗，〈秦漢時期羌族的遷徙及社會狀況〉，《南都學壇》（哲學社會科
學版），1997：5。

40. 岳慶平，〈東漢在政治上對宗室的限制與利用〉，《山東師大學報》（社科
版），1987：2。

41. 易毅成，〈東漢、三國華北戰時聚落的分布與其環境特色──論「塢壁」
的初期演變〉，《屏東師院學報》，1996：9。

42. 武原，〈東漢末季“書法熱”的政治詮釋〉，《延安大學學報》，1995：3。

43. 邱實，〈簡評東漢世族豪強〉，《益陽師專學報》，1996：2。

44. 金春峰，〈東漢末經學的衰弱與黨錮之禍〉，《湘潭師院學報》，1995：1。

45. 金發根，〈東漢至西晉初期（西元 25～280）中國境內游牧民族的活動〉，《食貨月刊》，復刊 13：9、10，1984。

46. 金發根，〈東漢黨錮人物的分析〉，《史語所集刊》34 下，1963。。

47. 侯林莉，〈黨錮之禍與知識份子氣節〉，《歷史教學》，1999：2。

48. 姜生，〈原始道教三題〉，《西南民族學院學報》（哲學社會科學版），1997：6。

49. 姜生，〈原始道教之興起與兩漢社會秩序〉，《先秦、秦漢史》，2001：2。

50. 姚靜波，〈試析東漢末年太學生離心傾向之成因〉，《史學集刊》，2001：1。

51. 范學輝、于芹，〈漢靈帝中平五年“改刺史，新置牧”考〉，《河南大學學報》（社會科學版），37：3，1997。

52. 孫如琦，〈東漢的流民和豪族〉，《浙江學刊》，1993：3。

53. 孫念超，〈東漢後期清流士人心態探析〉，《商丘師範學院學報》，18：1，2002。

54. 孫明君，〈第三種勢力——政治視角中的鴻都門學〉，《學習與探索》，2003：5。

55. 孫寧瑜，〈東漢太學生參預政治活動之研究〉，《台北市立女子師範專科學校學報》，1977：5。

56. 孫福喜，〈論應劭的“經世致用”學術思想〉，《內蒙古師大學報》（哲學社會科學版），28：1，1999。

57. 孫廣德，〈我國正史中的政治神話〉，收於《中國史學論文選集》，第 6 輯，台北：幼獅出版公司，1986。

58. 孫廣德，〈陰陽五行說與漢代政治〉，收於陳立夫等著《中華民族的歷史文化》，台北：中央文物供應社，1980。

59. 徐杰舜，〈秦漢民族政策特點初論〉，《貴州民族研究社》，1992：2。

60. 徐難于，〈論黃巾起義宗教色彩和規模巨大的原因〉，《西南師範大學學報》（哲學社會科學版），1998：6。

61. 秦進才，〈黃巾起義領袖張角〉，《邢台學院學報》，2003：6。

62. 秦學頎，〈論“三君”〉，《西南師範大學學報》（人文社會科學版），2002：9。

63. 郝虹，〈漢魏之際忠君觀念的演變及其影響〉，《山東大學學報》（哲社版），1999：3。

64. 馬良懷，〈兩漢宦官考〉，《中國史研究》（北京），1987：1。

65. 馬良懷，〈東漢後期的黨錮之禍〉，《華中師院學報》，1983：4。

66. 馬彪，〈東漢士風中的“祿利”，“名節”之變〉，《北京師範大學學報》

（社科版），1992：2。

67. 馬植杰，〈論漢末魏晉之際世族地主勢力的消長與曹魏政權的興亡〉，《史學月刊》，1965：4。

68. 高兵，〈東漢末皇權對三大政治集團的態度〉，《齊魯學刊》，1998：5。

69. 高榮，〈東漢西北邊疆政策述評〉，《學術研究》，1997：7。

70. 康小花，〈“鴻都門學”考〉，《藝術考古》，2004：4。

71. 張仁鏡，〈試談張魯政權〉，《漢中師院學報》（哲學社會科學版），1987：1。

72. 張其昀，〈東漢晚期——桓、靈、獻三帝〉，《華學月刊》，118，1981：10。

73. 張軍，〈東漢時期府的軍府化過程——兼論漢末軍府蜂起的制度原因〉，《江西師範大學學報》（哲學社會科學版），1987：1。

74. 張娟，〈東漢末黨錮之禍新解〉，《惠州學院學報》（社會科學版），23：4，2003。

75. 張娟，〈重釋東漢黨錮〉，《雲南師範大學學報》，2005：1。

76. 張娟，〈試論東漢末的才性問題〉，《泰山學院學報》，2003：1。

77. 張娟，〈魏漢之際主流才性觀的發展〉，《南都學壇》（人文社會科學學報），23：6，2003。

78. 張振龍、祝瑞，〈漢末士人自然理性的覺醒〉，《商丘師範學院學報》，16：5，2000。

79. 張新科，〈文學視角中的“鴻都門學”——兼論漢末文風的轉變〉，《陝西師範大學學報》（哲學社會科學版），2005：1。

80. 張劍光、鄒國慰，徐難于，〈略論兩漢疫情的特點和救災措施〉，《北京師範大學學報》（社科版），1999：6。

81. 張濤，〈秦漢的騎兵〉，《歷史月刊》，1994：7。

82. 張鶴泉，〈東漢持節問題探討〉，《史學月刊》，2003：2。

83. 啓良，〈中國古史分期論要〉，《湘潭大學社會科學學報》，25：5，2001。

84. 曹金華，〈試論東漢的非抑商政策〉，《江蘇社會科學》，1995：5。

85. 陳秀娟，〈童謠與五行——兼論東漢政治歷史〉，《齊齊哈爾師範學院學報》，1994：6。

86. 陳其泰，〈兩漢之際陰陽五行說和讖緯說的演變〉，《孔子研究》，1993：4。

87. 陳業新，〈兩漢荒政特點探析〉，《史學月刊》，2002：8。

88. 陳道生，〈東漢鴻都門學考實〉，《大陸雜誌》，33：5，1966。

89. 陳曉鳴，〈籌邊失當與東漢衰亡〉，《江西師範大學學報》（哲學社會科學版），35：4，2001。

90. 陶晉生，〈邊疆民族在中國歷史上的重要性〉，收錄於《中國通史論集》，台北：華世出版社，1987。

91. 傅安華，〈東漢社會之史的考察〉，《食貨半月刊》，3：10，1936。

92. 傅築夫，〈由漢代經濟的變動說明兩漢的興亡〉，《文史雜誌》，1944：5、6。

93. 勞榦，〈兩漢的學術信仰及物質生活〉，《中國通史集論》，台北：華世出版社，1986。

94. 勞榦，〈漢代的豪彊及其政治上的關係〉，《慶祝李濟先生七十歲論文集》上冊，台北：清華學報社印行，1965。

95. 勞榦，〈漢代政治組織的特質及其功能〉，《中國通史論文選》，台北：華世出版社，1979。

96. 勞榦，〈戰國秦漢土地問題及其對策〉，《大陸雜誌》，2：5，1951。

97. 曾九江，〈論東漢"以夷制夷"的邊防政策〉，《江西廣播電視大學學報》，2005：3。

98. 黃今言，〈說東漢在軍制問題上的歷史教訓〉，《南都學壇》（哲學社會科學版），1996：2。

99. 黃宛峰，〈東漢黨人與士大夫精神〉，《人文雜誌》，2001：1。

100. 黃靜、吳忠偉，〈漢人的氣節觀與東漢末政治走向〉，《江西教育學院學報》，18：2，1997。

101. 楊九詮，〈東漢熹平石經平議〉，《文史哲》，2000：1。

102. 楊永俊，〈對東漢"羌禍"的重新審視〉，《西北史地》，1999：1。

103. 楊秀清，〈論東漢對羌族的政策〉，《青海社會科學》，1995：5。

104. 楊凱毅，〈淺談東漢末年"黨錮之禍"——范曄《後漢書·黨錮列傳》簡評〉，《惠州大學學報》（社會科學版），1997：2。

105. 楊聯陞，〈東漢的豪族〉，《中國通史論文選輯》，台北：中國通史教學研討會，1985。

106. 詹士模，〈東漢末三國時期的人口移動〉，《嘉義大學學報》，第71期，2000。

107. 雷海宗，〈斷代問題與中國歷史的分期〉，收於《中國通史論文選》，（台北：華世出版社，1979）。

108. 雷家驥，〈氐羌種姓文化及其與秦漢魏晉的關係〉，《中正大學學報》，6：1，1995。

109. 廖伯源，〈論漢末「兵為將有」之形成〉，收於雷家驥總編，《中國中古史研究》第二期，台北：蘭臺出版社，2003。

110. 管東貴，〈漢代處理羌族問題的辦法的檢討〉，《食貨月刊》，復刊2：3，

1972。

111. 管東貴，〈漢的羌族〉（上），《食貨月刊》，復刊 1：1，1971。

112. 管東貴，〈漢的羌族〉（下），《食貨月刊》，復刊 1：2，1971。

113. 褚道葊，〈兩漢官俸蠡測〉，《食貨半月刊》，1：12，1935。

114. 趙昆生、張娟，〈論東漢末年傳統才性觀的危機〉，《西南師範大學學報》，2003：9。

115. 趙映林，〈中國古代的隱士與隱逸文化〉，《歷史月刊》，1996：4。

116. 趙國華，〈漢鴻都門學考辨〉，《華中師範大學學報》，2005：3。

117. 趙鍾華，〈東漢的宦禍〉，《歷史月刊》，1993：5。

118. 趙蘭香，〈兩漢軍事經濟戰略思想初探〉，《伊犂教育學院學報》，

119. 劉中建，〈試論東漢後期的法治思潮〉，《聊城師範學院學報》（哲學社會科學版），1994：4。

120. 劉元虹，〈東漢士人的救國運動〉，《嘉義師專學報》，5：5，1974。

121. 劉東明，〈東漢士人之出仕觀念分析〉，《輔大中研所學刊》，1996：6。

122. 劉欣尚，〈漢代的刺史制度〉，《北京師範大學學報》（哲社版），1987：1。

123. 劉泰周，〈東漢的鴻都門學〉，《黔東南民族師專學報》（哲社版），15：4，1997。

124. 劉惠敏，〈宦官在我國古代專制政體中的影響〉，《商丘師範學院學報》，2003：6。

125. 蔡明倫，〈東漢後期黨錮之禍與天人感應神學的衰微〉，《湖北師範學院學報》，1999：4。

126. 鄭振邦，〈關於道教創立幾個問題的辨析〉，《渭南師專學報》（社會科學版），1994：2。

127. 鄭欽仁，〈鄉舉里選——兩漢的選舉制度〉，《中國文化新論·制度篇》，台北：聯經出版公司，1982。

128. 黎東方，〈論董卓〉，收於《史學論集》，台北：華岡出版公司，1977。

129. 曉天，〈兩漢時期湖南蠻族的賦役問題〉，《求索》（長沙），1992：6。

130. 蕭璠，〈關於漢代的宦官〉，《中國歷史論文集》，台北：台灣商務印書館，1986。

131. 謝仲禮，〈東漢時期的災異與朝政〉，《中國社會科學研究生學報》，2002：2。

132. 韓克信，〈兩漢貨幣制度〉，《食貨半月刊》，1：12，1935。

133. 韓復智，〈兩漢經濟問題的癥結〉，《中國通史論文選輯》，上冊，台北：學生書局，1976。

134. 韓復智，〈東漢由統一走向分裂的本源〉，《中國歷史上的分與合學術研討會論文集》，台北：聯經出版公司，1995。

135. 韓復智，〈東漢的土地問題〉，《漢史論集》，台北：文史哲出版社，1980。

136. 韓復智，〈東漢的選舉〉，《漢史論集》，台北：文史哲出版社，1980。

137. 韓復智，〈東漢的黨錮之禍〉，《歷史月刊》，1993：10。

138. 瞿林東，〈關於范曄史學思想的兩個問題〉，《東岳論叢》，22：4，2001。

139. 闕鎬曾，〈兩漢的羌患〉，《政治大學學報》，14，1966：12。

140. 羅彤華，〈東漢黨人之士氣與義行——兼論黨錮之禍的起因〉，《中華文化復興月刊》，21：11，1988。

141. 羅慶康，〈東漢後期限田論辨析〉，《湘潭師院學報》，1995：1。

四、外國學者著作

1. 木村正雄，《中國古代農民叛亂の研究》（日本：東京大學出版會，1983）。

2. 田村實造、羽田明主編，《亞洲史講座·中國史》（日本：岩崎書店，1995）。

3. （美）伊佩霞，《劍橋插圖中國史》（濟南：山東畫報出版社，2001）。

4. 伊藤道治等著，吳密察等譯，《中國通史》（台北：稻鄉出版社，1992）。

5. 好並隆司，《秦漢帝國史研究》（日本：未來社，1978）。

6. 江上波夫著，張承志譯，《騎馬民族國家》（北京：光明日報出版社，1988）。

7. 西嶋定生，《中國古代帝國の形成と構造》（日本：東京大學出版會，1980）。

8. 西嶋定生著，黃耀能譯，《白話秦漢史》（台北：三民書局，1998）。

9. 渡邊義浩，《後漢國家の支配と儒教》（日本：雄山閣出版株式會社，1994）。

10. 箭內互、和田清原著，李毓澍編譯，《中國歷史地圖集》（台北：九思出版社，1977）。

11. （英）崔瑞德、魯惟一編，韓復智主譯，《劍橋中國史·秦漢篇》（台北：南天出版社，1996）。

12. 鎌田重雄著，鄭欽仁譯，〈漢代的尚書官——以領尚書事錄與錄尚書事為中心〉，《大陸雜誌》，1969：38-1。